Krach financier

Éditions d'Organisation
Groupe Eyrolles
61, bd Saint-Germain
75240 Paris cedex 05

www.editions-organisation.com
www.editions-eyrolles.com

© Groupe Eyrolles, 2009
ISBN : 978-2-212-54256-1

Nicolas Bouzou

Krach financier

Emploi, crédits, impôts :
ce qui va changer pour vous

EYROLLES
Éditions d'Organisation

Sommaire

Acte I
Gloire et misère de la finance américaine

Acte II
La crise gagne les côtes françaises

Acte III
La peur de la récession

Avant-propos

Krach, *subprime*, titrisation, produits structurés, CDO : tels sont les nouveaux mots que les Français ont dû assimiler de gré ou de force depuis un an et demi, depuis que cette désormais fameuse crise financière est née aux États-Unis, avant de se propager à l'Europe et au reste du monde. Des termes bien anxiogènes dans un pays réputé être fâché avec l'économie…

Et pourtant, la demande d'explication tant sur les causes que sur les conséquences de la crise est forte. Depuis dix-huit mois, j'enchaîne les conférences dans toute la France, pour expliquer aux entreprises les conséquences du krach sur la vie des affaires. Je me suis rendu sur un grand nombre de plateaux de radio et de télévision, de médias spécialisés ou grand public, afin de tenter de répondre aux interrogations des auditeurs et des téléspectateurs tout en les rassurant. Au terme de ce périple, j'ai au moins acquis une certitude : les Français, quelles que soient leur profession, leur activité, leur région, veulent comprendre ce qui se passe.

Cet ouvrage constitue une sorte de synthèse des propos que j'ai tenus jusqu'ici sur la crise financière. Il a aussi été l'occasion pour moi de reconstituer le puzzle des innombrables événements qui ont façonné le monde économique depuis l'été 2007. Ce véritable feuilleton, passionnant au demeurant, a des répercussions très concrètes sur notre vie quotidienne. Je souhaite que ce qui va suivre vous permette de les appréhender plus facilement.

Remerciements

Je n'aurais jamais pu répondre au pari lancé par mon éditrice, à savoir expliquer par écrit les causes et les conséquences du krach de la façon la plus pédagogique possible, si je n'avais eu l'occasion au préalable de m'entraîner oralement. C'est pourquoi je souhaite remercier les nombreux médias qui m'ont ouvert leur antenne depuis le début de cette crise.

Un merci tout particulier à Fabrice Lundy qui, il y a maintenant un certain nombre d'années, a été le premier à me faire confiance, à l'époque très tôt le matin sur BFM (il y officie désormais le soir).

De même, je remercie Vincent Perrault (encore très matinal, lui !), qui m'a ouvert les portes de plateaux de télévision avant les autres.

Marie Visot, une fois de plus, a relu et corrigé le manuscrit en un temps record. Elle m'a fait bénéficier de ses remarques toujours acérées, tant sur la forme que sur le fond, bref, de son talent.

Nicolas Pecourt et Geoffroy Bragadir ont apporté des précisions techniques sur leurs sujets de prédilection respectifs.

Les membres du Cercle Turgot, dont j'ai l'honneur d'assumer la vice-présidence, m'ont fait part de leurs remarques sur les causes de la crise.

Michèle Bouzou a encore joué le rôle de la lectrice candide.

Juliette m'a aidé sur tous les fronts, en ce mois d'octobre 2008 plus que chargé.

Ce livre est dédié à Charles.

Acte I

GLOIRE ET MISÈRE
DE LA FINANCE AMÉRICAINE

Scène 1

Le décor se met en place

Les crises ne surviennent pas tout à coup par hasard. De la même façon que la crise de foie nous alerte : « Attention, tu as trop mangé, il faut te mettre à la diète quelques jours », le krach[1] signifie : « L'économie s'est emballée de façon excessive, les compteurs doivent être remis à zéro. » Le krach et la récession, comme la crise de foie, sont des périodes pour le moins désagréables, dont nous pouvons toutefois atténuer certains symptômes. Malheureusement, une fois les excès commis, il est trop tard pour revenir en arrière.

On fait souvent valoir, peut-être à juste titre parfois, l'instinct de cupidité des banques, des financiers et des spéculateurs afin d'expliquer le désastre que connaît le monde de la finance depuis 2007, et qui frappe aujourd'hui l'« économie réelle » (soit l'économie telle que nous la vivons au quotidien). Leur volonté de gagner de l'argent à tout prix les aurait conduits à prendre des risques très importants, menant les marchés financiers – et par effet de

---

1. Un krach correspond à un effondrement brutal des prix, le plus souvent observé sur les marchés financiers ou sur celui de l'immobilier.

ricochet les banques – à la catastrophe. Il y a sûrement un peu de vrai dans cette idée, mais il est nécessaire de pousser la réflexion bien plus loin pour comprendre ce qui s'est réellement passé. Pourquoi la crise est-elle née aux États-Unis ? Pourquoi s'est-elle déclenchée précisément en août 2007 ? Pourquoi certaines banques américaines se sont-elles mises à prêter de l'argent à des ménages qui, elles le savaient pertinemment, ne pourraient pas tous rembourser leurs dettes ? Pourquoi les déboires de ces particuliers, finalement limités, ont-ils conduit à une telle déflagration financière ? C'est ce que je vais tenter de vous raconter ici. Non, les marchés financiers ne sont pas fous ; non, les banquiers ne composent pas une oligarchie qui dirige le monde. La réalité, si elle est certes un peu plus complexe, est aussi bien plus intéressante. Il vous faudra parfois faire un petit effort pour me suivre, mais le jeu en vaut la chandelle.

Être banquier dans les années trente

Remontons donc au temps de l'Amérique déprimée des années trente, chantée par Kate Bush et Peter Gabriel dans *Don't give up*. À cette époque, le système bancaire américain était très fruste. Les banques, toutes simples, ont un peu d'argent à elles (les « fonds propres »). Elles collectent des dépôts (l'épargne des ménages et des entreprises), empruntent de l'argent à d'autres banques ou à des entreprises, et reprêtent ces sommes aux ménages qui souhaitent acquérir un logement. Elles exercent donc le métier de banquier au sens propre du terme. Toutefois, cette activité apparemment simple comporte plusieurs risques.

Le premier risque est dit « de crédit ». La banque qui prête ne peut jamais être absolument sûre qu'elle sera remboursée. Un particulier qui emprunte peut en effet voir ses revenus diminuer, par exemple s'il perd son emploi (une situation courante dans les années trente) ; une entreprise peut faire faillite. Dans ces deux cas de figure, il est fort probable que la banque ne récupère pas la totalité des fonds prêtés.

Le deuxième risque est dit « de taux d'intérêt ». Une banque a pour métier principal de mobiliser des fonds[1] (qu'il s'agisse de ses fonds propres ou d'argent emprunté, notamment celui des déposants) afin de les prêter. Elle réalise un profit si le taux d'intérêt sur les prêts qu'elle octroie est supérieur au taux d'intérêt auquel elle emprunte de l'argent et auquel elle rémunère les dépôts des épargnants (si elle le fait). Cependant, le taux d'intérêt auquel la banque emprunte peut augmenter, entraînant par conséquent une diminution de ses marges. C'est donc un risque à prendre en compte.

Le troisième type de risque est dit « de liquidité ». La banque emprunte de l'argent à court terme dans le but de le reprêter à long terme. Ainsi, quand votre banque vous concède un prêt immobilier sur quinze ans, n'imaginez pas qu'elle souscrive elle-même un autre prêt sur quinze ans. En réalité, elle effectue un grand nombre d'emprunts sur des durées plus courtes. Les banques sont le seul type d'entreprises à emprunter à court terme pour prêter à long terme. Toutes les autres (dans les secteurs de l'indus-

---

1. On dit aussi « lever des fonds », soit en d'autres termes, trouver de l'argent.

trie, du commerce…) font l'inverse : elles empruntent à long terme afin de disposer de ressources stables, et si elles doivent prêter, ne le font qu'à court terme, car les risques sont moindres. La raison d'être de la banque est au contraire de faire de la « transformation », soit de transformer des ressources à court terme en financements à plus long terme, pour les ménages ou les entreprises. Cette opération peut là encore s'avérer risquée, dans la mesure où une banque peut ne pas trouver de prêteurs au moment où elle en a besoin. On dit alors qu'elle manque de liquidités.

Fannie Mae et Freddie Mac, les Bonnie and Clyde de l'économie

Mais revenons aux années trente, lorsqu'intervint un événement très important pour la suite de notre histoire. Quelques années après le déclenchement de la crise de 1929, le président américain Franklin Roosevelt lança le *New Deal*[1]. Cette politique était censée faire intervenir massivement l'État dans l'économie, afin de la redynamiser. C'est dans ce cadre que fut créée en 1938 l'entreprise Fannie Mae (Federal National Mortgage Association), publique[2] à l'époque, dont vous avez certainement entendu parler ces derniers mois. Cette société avait pour but d'accélérer le développement du marché du crédit immobilier. Elle rachetait aux banques les crédits qu'elles avaient octroyés aux Américains, à une condition : que ces crédits soient les moins risqués possibles, qu'ils soient

---

1. « Nouvelle donne ».
2. Une entreprise publique est détenue par l'État et non par des personnes privées ou des entreprises.

« conformes », c'est-à-dire que leur probabilité de remboursement, sans être certaine – ce n'est évidemment jamais le cas –, soit excellente. Ainsi les banques, en vendant leurs créances[1], renonçaient à toucher les taux d'intérêt qui leur étaient liés, mais se débarrassaient aussi des trois types de risques cités plus haut. Vous vous demandez sûrement pourquoi Fannie Mae pouvait accepter de prendre les risques dont les banques ne voulaient plus. Fannie Mae était une immense entreprise, alors que les banques américaines étaient relativement petites. Or, il existe une règle d'or en finance : ne jamais mettre ses œufs dans le même panier. Plus une banque est grande, plus elle peut disposer d'un grand nombre de paniers, et, en théorie, moins le risque qu'elle court est élevé.

Pendant de nombreuses années, tout se déroula comme prévu : les ménages s'endettaient pour acheter un logement, Fannie Mae rachetait aux banques de plus en plus de crédits, le marché du financement du logement grossissait à vue d'œil. La promesse était tenue : les Américains pouvaient accéder en masse à la propriété. Cela fonctionnait même tellement bien que les prêts rachetés par Fannie Mae commencèrent à peser sérieusement sur la dette de l'État américain (Fannie Mae était une entreprise publique). La société fut alors privatisée en 1968 (soit vendue à des personnes privées). Le gouvernement continua de lui

---

1. Une créance se définit comme un droit d'un prêteur (le créancier, qui peut être une personne, une banque, une entreprise, un État) sur un emprunteur (le débiteur qui, lui aussi, peut-être une personne, une institution financière, une société, un État). Ce droit se traduit généralement par une obligation pour le débiteur de rembourser son emprunt au créancier, et de lui payer un taux d'intérêt.

offrir sa garantie, c'est-à-dire de se porter en quelque sorte
caution pour elle. Dans ces conditions, Fannie Mae, qui
ne présentait presque plus de risques pour ses créanciers,
pouvait emprunter de l'argent à des taux particulièrement
bas. La même année, l'État créa Ginnie Mae (Government
National Mortgage Association), afin de conserver un
pied dans le marché du crédit au logement. Ginnie Mae
était chargée de gérer les crédits immobiliers garantis par
l'État (plus précisément par une agence gouvernementale
appelée Federal Housing Association). L'État se portait en
effet caution pour que les personnes les plus vulnérables
sur le plan économique puissent souscrire des crédits. En
1970, Ginnie Mae innova, en inventant des titres[1] conçus
à partir de créances immobilières[2]. Ces fameuses créances
pouvaient ainsi passer de main en main. Les rembourse-
ments des ménages qui s'étaient initialement endettés
revenaient en fin de compte à ceux qui achetaient ces
titres ! Ginnie Mae avait inventé la « titrisation ».

Une fois privatisée, Fannie Mae se spécialisa dans le rachat
des crédits non garantis par l'État. En 1970 fut créée une
seconde société, Freddie Mac (Federal Home Loan Mortgage Corporation), afin d'exercer une saine concurrence
face à Fannie Mae. Cette nouvelle entreprise tira tout de
suite profit de l'innovation de Ginnie Mae et se lança aussi
dans la titrisation, mais à partir de crédits immobiliers clas-

---

1. Un titre est un « papier » représentatif d'une part de la valeur d'une
   créance ou d'une action (titre qui confère un droit de propriété sur une
   partie d'une entreprise), et qui donne droit à des revenus.
2. On parle aussi de « créance hypothécaire », dans la mesure où ces crédits sont gagés sur une hypothèque, généralement le bien immobilier
   acheté lui-même, que le prêteur pourrait saisir en cas de non-remboursement de l'emprunteur.

siques (pas forcément garantis par l'État). Ainsi, une personne possédant des revenus confortables qui souhaitait acquérir un bien n'était pas éligible à la garantie de l'État. Sa banque vendait alors ses créances à Fannie Mae ou Freddie Mac. Ce dispositif apparemment astucieux, conçu avec les meilleures intentions du monde, posa les fondations de l'effondrement du système financier américain près de quarante ans plus tard.

Progressivement, Fannie Mae et Freddie Mac devinrent des entreprises géantes. Les fameux titres adossés sur des créances immobilières furent achetés sur les marchés financiers par des investisseurs, par des clients fortunés et par les banques elles-mêmes ! La boucle était bouclée… Ce processus de transformation de créances en titres, la « titrisation », permet d'extraire les risques cités plus haut des bilans des banques, mais aussi de ceux de Fannie Mae et Freddie Mac. Les risques se retrouvent ainsi disséminés dans les mains d'une quantité indénombrable d'investisseurs, de banques, de riches particuliers. Ils existent toujours, mais n'apparaissent plus clairement : le piège se referme.

Effectuons maintenant un petit saut temporel jusqu'aux années deux mille. Tout fonctionne apparemment si bien, que les grandes organisations financières disputent le marché de la titrisation à Freddie Mac et Fannie Mae. Wells Fargo, Lehman Brothers, Bear Stearns, JP Morgan, Goldman Sachs ou Bank of America se lancent avec succès dans ce type d'opérations, attirées par ce secteur en pleine croissance. La part de marché de Freddie Mac et Fannie Mae passe ainsi de plus de 75 % en 2003 à moins de 45 % en 2006.

Dans ce contexte presque euphorique se joue une autre évolution, majeure quant à son rôle dans la crise qui va suivre. Pour se différencier de Fannie Mae et de Freddie Mac, qui ne titrisent que des crédits de très bonne qualité (pour lesquels le risque de non-remboursement est très faible), les nouveaux venus sur le marché titrisent des crédits plus risqués. Bien entendu, n'importe quel investisseur peut être intéressé par de tels titres, si le risque est compensé par une rentabilité élevée. Cependant, contrairement à ce que l'on a pu dire, le monde de la finance n'est pas une jungle : il existe un « code de la route », avec des limitations de vitesse et même des sens interdits. Les grands investisseurs doivent en particulier respecter des ratios dits « prudentiels », qui limitent les risques qu'ils peuvent prendre. Par conséquent, la totalité des crédits titrisés de mauvaise qualité ne pouvait trouver preneur.

CDO et autres petites bêtes financières

Pour pallier cette difficulté, il fallut trouver une nouvelle astuce, qui consista à mélanger ces titres risqués à des produits moins risqués. Cette opération s'effectue en trois temps. Vous êtes allergique au vocabulaire financier anglo-saxon ? Je suis navré, mais je vais devoir employer quelques termes spécifiques.

La première étape est le *pooling* : une banque d'investissement (société financière dont le rôle est essentiellement d'effectuer des opérations sur les marchés financiers) rachète des crédits immobiliers. Si vous désirez briller en société, sachez que ces groupes de créances créés par les banques d'investissement peuvent s'appeler des MBS (*Mortgage Back Securities*), ABS (*Asset Back Securities*) ou

CDO (*Collaterized Debt Obligations*). La deuxième étape est l'*offloading* : les banques d'investissement créent pour l'occasion des sortes de petites banques (SIV pour *Special Investment Vehicles*, ou SPV pour *Special Purpose Vehicles*), qui présentent l'énorme avantage de ne pas être soumises à une réglementation. Ces structures vont accueillir les MBS, ABS et autres CDO. Afin de se financer, elles émettent des titres qu'elles vendent sur les marchés financiers, notamment à des banques. La troisième et dernière étape est le *tranching*. Les titres émis par ces petites structures sont regroupés par tranche de risques. Du moins risqué au plus risqué, on trouve les tranches *senior*, *mezzanine* et *equity*. L'astuce réside dans le fait que sont ensuite mélangées dans un même produit des tranches peu risquées et très risquées. Par conséquent, le risque des « mauvaises » tranches est en quelque sorte dilué grâce à celui des « bonnes » tranches.

Ces produits sont vendus sur des marchés dits « de gré à gré », par opposition aux marchés « organisés ». Imaginez qu'au lieu d'aller acheter un camembert dans un supermarché (le marché organisé), vous vous rendiez directement auprès du producteur (le marché de gré à gré), afin de lui demander une forme personnalisée, un emballage qui vous plaît, une proportion de matière grasse adaptée à votre régime… L'avantage est que votre camembert sera parfaitement à votre goût, l'inconvénient est que vous serez le seul à pouvoir vérifier sa qualité et que finalement, si vous décidez de ne pas le manger, vous aurez du mal à le revendre. C'est un peu le problème qui s'est posé sur le marché de la titrisation. Pendant un certain temps, des produits de très mauvaise qualité ont pu trouver des acheteurs à bon prix. Cela paraît surprenant mais cela peut se comprendre. Vincent Remay, l'un des patrons du groupe boursier transatlantique NYSE Euronext, observateur plus qu'acéré des marchés financiers précise d'ailleurs : « Pour certains produits, les notices d'utilisation étaient devenues incompréhensibles. » À force de transformations, de découpages, de redécoupages, de regroupements, de redécoupages encore, et après être passés de main en main, les risques se sont retrouvés tellement répartis que les acheteurs de produits financiers complexes (les banques et les compagnies d'assurances notamment) n'ont pas su les évaluer avec justesse. Quand les banques vont bien, elles ne sont pas forcément suffisamment regardantes sur la qualité de ce qu'elles achètent. Quand elles vont mal, imaginez alors le vent de panique qui peut souffler sur ces établissements !

Quel est l'objectif d'une banque d'investissement ? Réaliser des profits. La banque d'investissement touche des revenus : elle perçoit les intérêts payés par les emprunteurs initiaux, ceux qui voulaient s'acheter une maison (la banque de dépôt a en effet revendu leurs crédits à la banque d'investissement, qui touchera donc les intérêts liés). Elle paie aussi des commissions aux intermédiaires et doit bien sûr rémunérer les investisseurs qui achètent les titres qu'elle émet. Globalement, son profit doit être positif.

En théorie, tout devrait bien se passer : la titrisation telle que nous l'avons décrite n'est pas mauvaise en soi, car elle permet de disséminer les risques sur l'ensemble des marchés financiers. N'est-il pas préférable qu'un grand nombre d'investisseurs achètent chacun une petite part de risques, plutôt que l'inverse ? La machine mise en place a d'ailleurs bien fonctionné. De plus en plus de prêts immo-

biliers risqués ont été octroyés, puis transformés en produits financiers de qualité de plus en plus médiocre, mais
suffisamment séduisants pour trouver preneurs auprès de
banques, de compagnies d'assurances ou de fonds de pension[1].

Néanmoins, le ver est dans le fruit. En effet, les banques
qui font des prêts immobiliers prennent davantage de risques, car elles savent qu'elles vont vendre leurs crédits à
une banque d'investissement et non les conserver à leur
bilan. C'est l'une des clés de la bonne compréhension de
la crise.

---

1. Les fonds de pension sont les sociétés qui, dans les pays anglo-saxons,
   gèrent l'épargne retraite des ménages.

Scène 2

Les banques décident de ne plus prêter seulement aux riches

Après ce voyage sur la planète financière, revenons sur Terre pour aborder des éléments bien concrets : le crédit immobilier, les mensualités, les revenus, les *subprimes*... Le *subprime*[1] est l'emprunteur qui présente un risque un peu élevé de non-remboursement. On dit qu'il n'est pas parfaitement solvable, ou bien que son « score » (sorte de note attribuée par les banques aux emprunteurs éventuels) ne figure pas parmi les meilleurs.

Il existe en France de nombreux ménages présentant les caractéristiques des *subprimes*. Vous êtes demandeur d'emploi et aimeriez vous acheter un scooter pour vous rendre à vos entretiens d'embauche : vous êtes un *subprime*. À vingt-deux ans, vous travaillez à temps partiel dans une chaîne de vêtements et souhaitez acquérir votre première voiture à crédit : vous êtes un *subprime*. Trentenaire, vous venez de créer une entreprise et désirez démé-

---

1. Par abus de langage, on trouve souvent dans la presse ou les médias le terme *subprime* employé pour définir le crédit accordé aux personnes *subprimes*. Il serait plus juste de parler de « crédit *subprime* ».

nager pour que le petit dernier puisse avoir sa chambre : vous êtes presque un *subprime*. Dans ce dernier cas, vous êtes en réalité un *near-prime*, c'est-à-dire une personne solvable, mais avec un niveau de vie dit « instable », pour des raisons qui peuvent être professionnelles (vous êtes chef d'entreprise) ou personnelles (vous êtes en instance de divorce).Vous êtes ainsi un peu plus « risqué » que la clientèle dite « normale ». En France, que vous soyez *subprime* ou *near-prime*, vous ne pourrez pas emprunter d'argent. En effet, l'existence de taux d'intérêt plafonds, définis par la loi, n'autorise pas les banques à se rémunérer sur le risque que vous présentez pour elle. Elles n'ont pas le droit de vous facturer un taux d'intérêt plus élevé qu'aux clients qui eux ne présentent presque aucun risque (sages salariés en contrat à durée indéterminée ou, mieux, fonctionnaires), et ne peuvent donc compenser le risque que vous leur faites courir. Aux États-Unis, ces restrictions n'existent pas, bien au contraire.

Le danger d'un pays de propriétaires

Il n'y a *a priori* rien de condamnable à vouloir prêter de l'argent à une personne qui a de faibles revenus, ou dont les revenus sont incertains, surtout si cet argent sert à acheter la voiture qui lui permettra d'aller travailler, ou l'appartement qui la logera. Ne nous plaignons-nous pas à longueur de temps – de façon assez justifiée il faut bien le dire – que « les banques ne prêtent qu'aux riches » ? Ne pouvons-nous pas nous réjouir du fait que désormais les banques prêtent à ceux qui en ont réellement besoin ? Peut-être, mais seulement dans la mesure où ces prêts sont octroyés après une étude attentive :

- d'une part l'emprunteur ne doit pas être poussé vers le surendettement ;

- d'autre part le prêteur doit être sûr – ou, plus précisément, presque sûr, la certitude absolue dans l'avenir n'étant pas de ce monde – d'être remboursé.

L'octroi de tels prêts devrait donc répondre à quatre conditions :

- la situation financière de l'emprunteur doit être parfaitement connue, afin de ne pas lui faire encourir un risque démesuré ;

- le prêteur doit se protéger avec une garantie solide (par exemple une hypothèque sur un bien immobilier) ;

- le taux d'intérêt doit être suffisamment élevé pour compenser, pour le prêteur, le risque qu'il prend ;

- l'emprunteur doit être parfaitement conscient des risques encourus, et des mensualités qu'il aura à payer.

Le problème, soyons francs, est qu'un certain nombre de banques américaines n'ont pas concédé de réels prêts *subprimes*, mais des prêts « attrape-nigaud »[1]. Le principe est le suivant : un courtier en crédit, qui fait l'intermédiaire entre la banque et les particuliers, attire ces derniers avec un taux d'intérêt d'appel très bas, qui devient généralement au bout de deux ans un taux d'intérêt variable très élevé. Il leur octroie un prêt sans même vérifier leurs revenus, en leur affirmant qu'ils ne paieront presque rien les premières années. Ce qui est vrai… mais seulement pour

---

1. Les Américains ont d'ailleurs créé un terme pour les désigner : les prêts NINJA (*no income, no job, no asset*, soit « pas de revenu, pas de travail, pas de patrimoine »).

les premières années ! La banque Countrywide Financial affichait fièrement le slogan : « *We House America*[1] ». Malheureusement, ce ne sont pas de vrais prêts *subprimes* qui ont été proposés aux États-Unis. Certaines banques ont prêté sans scrupule à des personnes à très faibles revenus, sans leur dire que les taux d'intérêt risquaient d'augmenter et que la valeur du bien qu'ils achetaient en s'endettant sur plusieurs décennies diminuerait peut-être.

La crise de l'immobilier dévoile les failles du système

Pourquoi cela a-t-il tout de même fonctionné, pendant un temps du moins ? Parce que les prix de l'immobilier ont connu aux États-Unis une hausse ininterrompue depuis les années trente. Cette dernière a joué un rôle de cache-misère, masquant la perversité du système. D'une part, les banques se sont vues confortées dans leur politique commerciale agressive, car elles constataient la hausse de la valeur des biens hypothéqués. En cas de défaut de paiement de l'emprunteur, elles auraient toujours pu se rattraper largement sur la vente de son logement ! D'autre part, l'augmentation du prix des logements a permis d'éviter bien des drames. En effet, le ménage qui se retrouvait dans l'impossibilité de payer ses mensualités, au moment où la période de taux d'appel promotionnel prenait fin, pouvait souscrire un nouveau crédit puisque son hypothèque (son logement) prenait de la valeur. En outre, en cas de saisie du bien par la banque, sa revente suffisait généralement à rembourser le crédit, et à payer les intérêts ainsi que d'éventuelles pénalités. Vous comprenez donc

---

1. « Nous logeons l'Amérique. »

bien que ce système ne fonctionne que lorsque les prix de l'immobilier augmentent. Le jour où le marché de l'immobilier s'effondre et où les prix baissent, c'est la catastrophe ! Il ne faut pas non plus oublier que ces prêts étaient à taux variables. Par conséquent, lorsque ces derniers ont commencé à augmenter à partir de 2004 (nous verrons par la suite pourquoi), les mensualités des ménages *subprimes* se sont alourdies et les faillites personnelles se sont multipliées.

Entre 1996 et 2007, la dette hypothécaire (dette immobilière garantie par une hypothèque) et les prix des logements ont triplé aux États-Unis. Entre 2002 et 2006, la part des prêts *subprimes* dans les prêts hypothécaires est passée de 8 % à 20 %, jusqu'à ce que les premiers défauts de paiement apparaissent, entraînant par une suite invraisemblable d'effets en chaîne la crise du système.

Les prêts aux *subprimes* ont même été indirectement et involontairement encouragés par les autorités américaines, obsédées par l'idée que chaque Américain, quel que soit sa couleur, son lieu d'habitation ou sa religion, devait devenir propriétaire, pour avoir sa part de l'*American Dream*. Il est à ce propos intéressant d'observer que les lois anti-discriminations, si justifiées à certains égards, peuvent avoir des effets non anticipés. Cela a été le cas d'une loi américaine anti-discrimination de 1977, le Community Reinvestment Act (CRA). Son objectif était d'assurer un *fair lending* (« crédit juste »), soit l'absence de discrimination d'âge, de sexe, de religion ou de couleur de peau dans le domaine du crédit. Le CRA impose aux banques et autres établissements prêteurs d'octroyer des crédits à tous, y compris aux individus à revenu modeste. Cette loi a sans doute eu sa part de responsabilité dans le développement des prêts *subprimes*. En effet, afin de respecter la loi, les banques ont dû prêter à des ménages qui, en l'absence du CRA, n'auraient pas eu accès au crédit. Pour faire de ces prêts des prêts rentables malgré un niveau de risque élevé, les banques ont commercialisé des crédits à taux variables, et se sont empressées de les titriser. Bien entendu, rien ne montre que les prêts *subprimes* ne se seraient pas développés sans le CRA, mais cette réglementation a certainement encouragé le phénomène.

Scène 3

Alan Greenspan séduit les foules

Jamais sans doute un banquier central n'aura été aussi populaire auprès des marchés financiers qu'Alan Greenspan, patron de la FED (la Banque centrale américaine) entre 1987 et 2006 ! Il était même surnommé par beaucoup « Magic Greenspan », « le Maestro » ou « Zorro ».

Le bon banquier central est un rabat-joie

Le rôle d'une banque centrale, qu'il s'agisse de la FED aux États-Unis, de la Banque centrale européenne dans la zone euro ou des autres, est de faire en sorte que l'inflation reste raisonnable, que les consommateurs ne soient pas floués par des augmentations de prix inconsidérées. Or le combat contre l'inflation est une lutte à long terme, dont les effets positifs ne sont pas vraiment perçus par le public. Une augmentation mesurée des prix, on l'oublie souvent, ne constitue pas un acquis. C'est la résultante d'une politique monétaire bien conçue, qui ne sacrifie pas trop l'avenir (la garantie d'une augmentation modérée des prix) au présent (la facilité que les ménages, les entreprises et les États ont à accéder au crédit grâce à de faibles taux d'intérêt). Les économistes auraient donc dû se méfier d'un banquier central apprécié ! Le dirigeant d'une banque centrale se doit d'être impopulaire, c'est son métier…

Véritable banque des banques, la banque centrale peut diminuer le taux d'intérêt auquel elle prête de l'argent aux établissements financiers d'un pays. De proche en proche, ce sont aussi bien les coûts des crédits à la consommation que les coûts des prêts aux entreprises qui sont alors censés baisser. Ce recul des taux d'intérêt doit, en principe, inciter les ménages à dépenser et les entreprises à investir. Ce type de politique, dite « expansionniste », est justifié lorsque l'inflation est faible et la croissance économique en passe de s'affaiblir. À l'inverse, quand la croissance économique s'accélère, la banque centrale doit adopter une politique monétaire plus restrictive, soit augmenter ses taux d'intérêt. Si elle ne le fait pas, l'économie baigne dans une euphorie artificielle mais de courte durée. La banque centrale qui laisse ses taux d'intérêt très bas incite en effet les ménages et les entreprises à emprunter (les taux d'intérêt pratiqués par les banques étant modiques). Cet environnement porte en lui les germes de l'inflation future, mais cela ne se voit pas (au début du moins). Dans la mesure où la croissance économique est forte, et même dopée par cette politique, les salaires montent, et les ménages remboursent facilement les prêts contractés. Le marché de l'immobilier s'envole, ce qui augmente la valeur des biens hypothéqués, facilitant là encore l'accès au crédit. Ainsi, au lieu de circonscrire le feu, la banque centrale qui mène une telle politique souffle sur la braise.

Alan Greenspan distribue allégrement de la monnaie

Or c'est la stratégie menée par Alan Greenspan dans la première partie des années deux mille. Après l'éclatement de la bulle Internet, puis suite au choc du 11 septembre 2001, la FED a considérablement baissé ses taux d'intérêt, ce qui a empêché l'économie américaine de plonger. Utiliser l'arme monétaire à ce moment précis était pertinent. Mais la Banque centrale américaine a ensuite tardé à réaugmenter ses taux d'intérêt. Elle ne l'a fait pas à pas qu'à partir de la fin de l'année 2004, alors que la croissance économique était déjà forte. En agissant ainsi, elle a alimenté une explosion de la demande de crédit et une bulle[1] immobilière, celle-là même dont l'éclatement va se répercuter sur nos économies, et donc sur notre vie quotidienne, pendant encore plusieurs années. Un indicateur particulièrement spectaculaire le montre : le taux d'épargne des Américains est négatif depuis plusieurs années. En d'autres termes, les ménages s'endettent tellement qu'ils consomment plus qu'ils ne gagnent. Cette situation, directement liée à la stratégie d'Alan Greenspan, n'est pas viable.

Non seulement la politique laxiste d'Alan Greenspan a encouragé le mouvement des prêts *subprimes* en lui-même, mais elle a aussi favorisé les achats de produits financiers complexes ou *produits structurés* (en particulier des produits titrisés). Expliquons-nous. Des taux d'intérêt faibles sont en effet généralement associés à une quantité de monnaie

---

1. Une bulle se définit ici comme la situation dans laquelle les prix du logement s'envolent uniquement parce que les acheteurs achètent en masse, pensant que les prix seront encore plus élevés à l'avenir.

en circulation plus abondante. Cette masse monétaire, créée par la banque centrale, transite par le secteur financier. Le processus de création monétaire se passe très simplement, de la façon suivante : une banque vend un titre à la banque centrale, pour une valeur de 100 € par exemple. La banque centrale crédite ces 100 € qu'elle crée pour l'occasion sur le compte de cette banque, laquelle dispose ainsi de davantage d'argent, de liquidités. Profitant de cette masse monétaire très abondante, le système financier s'est tourné vers des produits financiers de plus en plus complexes et risqués, typiquement les ABS, CBS ou CDO déjà évoqués. Ainsi, les banques qui prêtaient à des ménages *subprimes* ont pu assez facilement se débarrasser du risque en le « revendant » (le marché des produits à base de titrisation était alors florissant) et ont octroyé de plus en plus de prêts ! Cette explosion de la place prise par les produits financiers complexes a été rendue possible par le mauvais calibrage de la politique monétaire de la FED durant la première partie des années deux mille. Alan Greenspan a ainsi organisé les conditions d'une expansion immobilière trop forte et donc, de la crise qui s'ensuivrait fatalement.

À l'inverse de ce qu'ont pensé les marchés financiers durant les années quatre-vingt-dix et deux mille, Alan Greenspan restera l'un des pires banquiers centraux américains de l'histoire. Il est trop tôt pour savoir si son successeur, Ben Bernanke, laissera un meilleur bilan. En 2005, alors qu'il était gouverneur mais pas encore président de la FED, il déclarait que l'explosion de l'immobilier constituait la preuve de la solidité du système financier américain.

Scène 4

Le drame

Tout allait donc bien – en apparence – jusqu'à ce que les taux d'intérêt augmentent aux États-Unis en 2004.

L'effet papillon

L'enchaînement qui mène de la hausse des taux d'intérêt à la chute des prix de l'immobilier est connu : les taux d'intérêt s'accroissent, le coût total d'un crédit à taux variable pour les ménages devient donc plus élevé. Par conséquent, la demande de maisons et d'appartements diminue, et les prix finissent par suivre. C'est typiquement ce qui s'est passé aux États-Unis. Indicateur parmi d'autres, le nombre de mises en chantier de logements s'est effondré à partir de 2005, soit un an après l'augmentation des taux d'intérêt. Les prix eux aussi ont chuté. Par ailleurs, la part des ménages *subprimes* qui se trouvaient dans l'impossibilité de rembourser leurs prêts a grimpé dès le printemps 2005 (en raison de la hausse des taux d'intérêt). En deux ans, le « taux de défaillance » est passé de 10 % à plus de 16 %. Derrière ce chiffre se cachent des drames humains : des familles, ruinées, ne savent plus où se loger, en témoigne la multiplication des quartiers désertés de certaines villes américaines. Outre-Atlantique, les médias diffusent tous les jours des images de ces villes fantômes, à l'image de certains quartiers de Stockton, en Californie, dans lesquels un quart des maisons appartiennent désormais aux banques.

La véritable catastrophe financière, aux implications extraordinaires jusque chez nous, est encore à venir. Et c'est d'ailleurs bien là la question centrale : comment les difficultés d'un nombre finalement limité de ménages américains ont-elles pu entraîner un tel tremblement de terre ? Voilà un bel exemple de l'effet papillon opportunément chanté par Bénabar !

L'augmentation des incidents de paiement sur les prêts *subprimes* a entraîné une baisse de la valeur des produits financiers complexes. Cette réaction en chaîne est logique : l'architecture de ces produits repose *in fine* sur les crédits qui ont été octroyés, au départ, à des Américains à revenus faibles ou variables qui souhaitaient s'acheter un logement. Si ces derniers sont en difficulté, toute la chaîne des produits financiers est affectée. Ce qui n'est pas forcément intuitif, en revanche, est la manière dont ce qui aurait pu rester une simple baisse des prix se transforme en crise.

Les CDO ne trouvent plus preneurs

Nous avons vu que les produits financiers complexes étaient échangés sur des marchés dits « de gré à gré ». Or même proposés à des prix très faibles, ils ne trouvaient pas forcément d'acheteur à partir du moment où les incidents de paiement ont commencé à augmenter. Cette particularité a dégénéré en une situation véritablement cauchemardesque. De nombreux acheteurs de ces produits étaient des fonds spéculatifs (les *hedge funds*). Les *hedge funds* sont des structures financières qui ressemblent à des SICAV. Comme ces dernières, ce sont des entreprises qui investissent l'argent de leurs clients dans le but de les faire bénéficier de placements profitables. Les *hedge funds* ont toutefois une spécificité : ils sont soumis à une réglementation assez lâche, grâce à laquelle ils peuvent investir dans une gamme de produits très large, y compris dans des produits très sophistiqués. En outre, ils le font en s'endettant, par exemple auprès d'une banque. La banque leur fait crédit en contrepartie de titres financiers (notamment des actions).

Les *hedge funds* avaient acquis un nombre important de produits à base de créances titrisées, en particulier des CDO. Quand ces derniers ont commencé à perdre de la valeur, les *hedge funds*, très endettés, les ont vendus en masse. Par conséquent, le marché des CDO est devenu « illiquide[1] », ce qui signifie que ceux qui voulaient s'en débarrasser, en particulier les *hedge funds*, n'ont même plus trouvé d'acheteurs ! Le système de titrisation s'est alors complètement bloqué, d'autant plus que, nous l'avons vu, l'augmentation des taux d'intérêt est associée à un assèchement des liquidités. Or, moins de liquidité signifie moins d'argent pour acheter des produits financiers (y compris des produits complexes), donc moins de CDO.

Les difficultés du marché des CDO, qui peuvent sembler très éloignées de celles du monde réel, ont eu des conséquences extrêmement fortes et rapides sur de simples ban-

---

1. Un produit est dit « illiquide » s'il est difficile de le vendre quand on a besoin d'argent.

ques américaines, celles qui s'étaient spécialisées dans les prêts aux ménages *subprimes*. En effet, au tout début de la chaîne, ces dernières, qui avaient pour habitude de titriser leurs prêts pour se débarrasser du risque, ont dû cesser de le faire. Elles ont donc arrêté de faire crédit aux emprunteurs un tant soit peu risqués. Pour les ménages locataires ou ceux qui souhaitaient juste changer de logement, ce n'était pas trop grave : leurs projets étaient simplement remis à plus tard. En revanche, les ménages qui avaient du mal à rembourser leur prêt et qui avaient besoin d'un nouveau crédit se sont retrouvés acculés : ils ne pouvaient ni ré-emprunter de l'argent frais, ni revendre leur bien (afin de rembourser leur prêt) à cause de la crise immobilière. C'est alors que les défaillances d'emprunteurs et les saisies immobilières ont explosé aux États-Unis.

Scène 5

Les Français apprennent la signification du terme *subprime*

Nous venons de le voir, c'est donc une augmentation du nombre d'impayés de quelques pour cent, sur un petit segment du marché américain du crédit immobilier, qui a entraîné un effondrement des marchés financiers sur toutes les bourses du monde. Les Français ont commencé à entendre parler de *subprime* en février 2007, au moment où la banque britannique HSBC a connu ses premières difficultés. Les bourses mondiales, et parmi elles le CAC 40, ont été fortement affectées durant l'été 2007, lorsque la crise a eu des conséquences visibles sur l'activité des banques.

Les banques n'échappent pas à la mode

Il est important de rappeler que les banques françaises n'ont pas directement prêté à des ménages *subprimes*, l'existence de taux d'intérêt plafonds légaux les empêchant de gagner de l'argent en prêtant à des populations risquées. Ce problème n'existe donc simplement pas en France, pays dans lequel de toute façon l'endettement des ménages est faible (par rapport aux standards internationaux).

En revanche, les banques françaises ont comme les autres acheté des produits complexes adossés à des créances hypothécaires *subprimes* américaines. Des fonds de placement étaient même spécifiquement investis dans ces produits. Il est certain que l'effondrement des prix de certains produits financiers complexes – voire l'impossibilité de donner un prix, le marché ayant disparu ! – a eu des répercussions sur la bonne marche de ces fonds de placement. On se souvient que BNP Paribas avait dû, au début du mois d'août 2007, suspendre pendant quelques semaines les activités sur trois de ses fonds, les produits dans lesquels ils étaient investis étant devenus totalement illiquides.

Ces erreurs ayant été commises par toutes les grandes banques, en France et ailleurs, elles soulèvent le problème de la fiabilité du contrôle des risques au sein des grands établissements financiers. En effet, en achetant ces produits, les banques ont un peu participé à un effet de mode, et pris des risques importants en échange d'un retour sur investissement élevé (pendant un temps).

Il est difficile de ne pas évoquer l'affaire Jérôme Kerviel, ce *trader* de la Société Générale qui a – semble-t-il – fait perdre à son employeur 4,8 milliards d'euros, en raison d'engagements dissimulés de 50 milliards d'euros pris en 2007 et 2008. Jérôme Kerviel ne travaillait pas sur les options ni sur le marché des changes, mais sur d'autres types de produits appelés « contrats à terme » et « indices actions » (il n'est pas utile de connaître le fonctionnement de ces contrats pour comprendre les faits). Durant plusieurs mois, ce *trader* a accumulé des positions acheteuses colossales, de manière frauduleuse d'après la Société Générale. Cela signifie que Jérôme Kerviel n'a pas, à proprement parler, perdu d'argent, mais que cela aurait pu être le cas, et ce dans des proportions absolument considérables. Lorsque la banque a découvert l'affaire, elle a décidé de dénouer ses positions, c'est-à-dire de vendre les produits achetés par le *trader*. Malheureusement, cette vente a eu lieu un jour de forte chute des marchés boursiers, entraînant une moins-value de près de 5 milliards d'euros. Le plus incroyable dans cette histoire, est qu'aucun des systèmes de contrôle de la Société Générale (il en existe en général cinq par banque) n'a fonctionné. Selon sa direction, Jérôme Kerviel a profité des connaissances acquises lorsqu'il occupait d'autres fonctions pour opérer dans l'ombre. Quoi qu'il en soit, il faut savoir que ce type d'accident, très rare, peut néanmoins se produire (de la même façon que, dans le transport aérien, le risque zéro n'existe pas, en dépit d'un niveau de contrôle très élevé).

La méfiance gagne les banquiers

Une véritable « fuite vers la liquidité » a ainsi commencé durant l'été 2007 ; ce symptôme classique effraie tout le monde, et en particulier les banquiers. Toutefois, suivez bien le raisonnement. Si une banque recherche des liquidités à tout prix, elle va éviter de prêter au-delà d'un certain terme : elle accordera un crédit pour quelques jours, pour quelques semaines à la rigueur, mais pas pour quelques mois. En particulier, sur cette durée, elle ne prêtera plus à des organisations qui détiennent sûrement ces fameux produits complexes dont on n'arrive même plus à déterminer le prix : les banques. Voilà comment a commencé la crise du marché interbancaire, le marché sur lequel les banques se prêtent de l'argent entre elles. De plus en plus, les banques ont mis de l'argent de côté, refusant de prêter à leurs consœurs, exactement comme un ménage déciderait de cacher ses billets sous un matelas.

Imaginez ce que cela peut signifier pour une banque ayant été gérée de façon approximative, ou qui, de par son positionnement, est particulièrement exposée au risque. L'exemple de la banque britannique Northern Rock illustre bien ce problème. Elle s'est retrouvée littéralement prise en étau entre, d'un côté, l'impossibilité de titriser ses crédits hypothécaires et, de l'autre, l'impossibilité de trouver de l'argent frais auprès d'autres banques (d'autant que les dépôts des épargnants auprès de la Northern Rock étaient très limités). En septembre 2007, les clients de la banque se mirent à faire la queue devant les agences afin de récupérer leur argent. Les télévisions du monde entier ont diffusé ces images semblant sorties d'un *remake* de la crise des années trente. Northern Rock a dû demander un prêt d'urgence directement auprès de la Banque d'Angleterre, procédure pour le moins inhabituelle, puis a finalement dû être nationalisée. Il est important de noter que ce phénomène très spectaculaire s'est déroulé en seulement quelques semaines. La banque belgo-néerlandaise Fortis, très fragilisée par une acquisition manquée (celle de la banque AMN AMRO), a également dû être démantelée en octobre 2008 parce que le marché des prêts interbancaires lui a été totalement fermé (la plupart de ses activités ont finalement été rachetées par BNP Paribas).

Afin de pallier ce manque de liquidités sur le marché interbancaire, les banques centrales ont commencé à prêter elles-mêmes aux banques. Elles se sont donc substituées activement et sans état d'âme aux banques, qui n'avaient plus suffisamment confiance les unes dans les autres pour se faire crédit.

La crise ne s'est pas seulement rapidement étendue aux grandes banques, elle a aussi touché une catégorie d'acteurs peu connus du grand public, les « rehausseurs de crédit ». Ceux-ci sont en réalité des assureurs qui ont eu la mauvaise idée de se spécialiser dans l'assurance de remboursement des dettes risquées, et donc notamment des produits fabriqués à base de créances hypothécaires. La crise de ces produits les a mis dans une position extrêmement inconfortable, dans la mesure où les risques qu'ils assuraient se sont réalisés. Les deux principaux rehausseurs de crédits (AMBAC et MBIA) ont dû procéder à des augmentations de capital pour continuer à fonctionner.

Peu à peu, l'ensemble du système financier mondial a fini par être contaminé par la crise des produits structurés. Les banques, les compagnies d'assurances, les fonds d'investissement et les fonds de pension ont tous constaté que la valeur de leur patrimoine financier (soit l'ensemble des titres qu'ils possédaient) était beaucoup plus basse que ce qu'ils pensaient.

Scène 6

Les normes comptables propagent l'incendie

Ce tableau ne serait pas complet si nous n'évoquions pas le rôle joué par les normes comptables et les contraintes réglementaires de prudence auxquelles les banques doivent répondre. La façon dont les banques établissent leur bilan a effectivement considérablement accéléré le déroulement de la crise. Il n'entre pas dans l'objet de cet ouvrage de faire le point sur l'évolution des normes comptables depuis le début des années deux mille, et notamment depuis la faillite de l'entreprise américaine Enron. Retenez seulement que cette société, spécialisée dans l'achat et la revente d'électricité, a fait faillite en 2001 en raison de pertes liées à des opérations spéculatives effectuées sur le marché de l'électricité, pertes elles-mêmes maquillées par des manipulations comptables. Ce scandale a donné lieu à une remise en cause de la façon dont les entreprises devaient calculer la valeur de leurs actifs (leur patrimoine) et de leur passif (leurs ressources, c'est-à-dire leurs dettes et leurs fonds propres).

Désormais, dans ce que l'on appelle le monde « post-Enron », les banques et les entreprises inscrivent dans leur bilan des valeurs qui correspondent non plus au coût d'achat des actifs, mais au prix auquel elles pourraient les vendre si elles devaient le faire. C'est ce que l'on appelle le *mark to market*. Les valeurs « collent » ainsi littéralement aux prix du marché. En période d'expansion économique, le bilan des banques grossit mécaniquement, car les prix auxquels elles pourraient vendre ce qu'elles possèdent (notamment les titres financiers ou les créances) augmentent. Cependant, ces normes comptables ne fonctionnent bien que par beau temps. Lorsque la valeur des actifs chute, les bilans des banques se contractent mécaniquement. Ainsi, la fonte des marchés boursiers oblige les banques à dévaloriser pratiquement en temps réel leurs actifs. La crise financière se transmet par conséquent presque instantanément aux banques.

Le problème ne s'arrête pas là. Les banques, qui nous l'avons dit ne sont pas des entreprises comme les autres, doivent respecter des règles de prudence très strictes, les « ratios prudentiels ». En particulier, elles ne doivent prêter qu'à due proportion de leurs fonds propres, soit de la différence entre la valeur de leurs actifs et celle de leur dette. Si la valeur de leurs fonds propres augmente, elles ont le droit de prêter davantage. En revanche, si la valeur de leurs fonds propres diminue, elles n'ont pas d'autre choix que de restreindre leurs prêts. La baisse de la valeur des actifs financiers fait baisser celle des fonds propres, ce qui conduit les banques à prêter moins. Vous devez maintenant percevoir les conséquences de la crise financière sur l'économie quotidienne (si vous souhaitez par exemple souscrire un crédit pour acheter un logement).

Espérons que cette crise servira au moins à revoir des normes comptables qui ont montré leurs limites. L'Union européenne a déjà opportunément commencé à les assouplir pour les banques. Il faudra, une fois la situation rétablie, les modifier en profondeur.

Scène 7

Des banques doivent disparaître

Les banques ne sont pas des entreprises comme les autres. Elles collectent l'épargne, qu'elles reprêtent aux particuliers qui s'endettent afin d'acheter une maison ou une voiture, et aux entreprises qui doivent investir… Comme le cœur qui envoie le sang vers les organes, les banques font circuler l'argent de ceux qui en ont trop (les épargnants) vers ceux qui en ont besoin (les débiteurs). Elles se situent au centre d'une économie capitaliste. En outre, elles se prêtent de l'argent les unes aux autres, souvent des sommes considérables. Par conséquent, la faillite de l'une d'entre elles fait courir des risques aux autres. C'est ce que l'on appelle le « risque systémique » ou, plus prosaïquement, l'« effet domino » : la défaillance d'une banque peut entraîner une série de faillites en cascade. Imaginons un instant les implications pratiques d'un tel scénario catastrophe, afin de nous faire frissonner et de comprendre pourquoi il était urgent d'agir.

Un scénario catastrophe digne d'Hollywood

Si plusieurs banques font faillite, les épargnants sont ruinés (car même s'il existe des systèmes d'assurance des dépôts, ils sont calibrés pour fonctionner en cas de faillite isolée) et le système de crédit est complètement bloqué. Les particuliers ne peuvent donc évidemment plus obtenir de crédits pour acquérir un bien immobilier ou une voiture, et les entreprises n'ont plus de découverts possibles. De nombreuses sociétés disparaissent dans les secteurs industriels et commerciaux, entraînant une explosion du chômage, de la pauvreté, des troubles sociaux et de l'insécurité. Par ailleurs, l'État lui-même peine à se financer, et par exemple à payer ses fonctionnaires. Vous pouvez le constater, la faillite du système financier conduit au chaos…

Pour ces raisons, lorsqu'une grande banque est en difficulté, la puissance publique doit l'aider. Il ne s'agit pas de « sauver les banquiers » comme on l'entend trop souvent, mais de sauver l'économie. Si une banque ne parvient pas à emprunter de l'argent pour continuer de fonctionner correctement, la Banque centrale lui fait crédit. Si une banque ne peut plus honorer ses engagements (rembourser ceux à qui elle doit de l'argent, les ménages qui lui ont confié leur épargne notamment), alors l'État doit intervenir. Pour faire face à ce risque d'insolvabilité, il doit recapitaliser la banque, c'est-à-dire apporter des fonds qui viendront alimenter son capital. C'est une « nationalisation » (le plus souvent temporaire), dans la mesure où l'État devient propriétaire d'une partie de la banque.

Entre assistance et responsabilisation, la voie du milieu

Toutefois, il est impossible de sauver systématiquement toutes les banques, car une telle politique encouragerait les établissements de crédit à prendre des risques inconsidérés (ce que certains font déjà !). Si l'État intervenait dès qu'une banque est au bord de la faillite, il enverrait aux dirigeants et aux actionnaires le message suivant : « Prenez des risques ! En cas de problème, le gouvernement s'occupe de tout… »

La gestion d'une crise bancaire par les États est donc extrêmement complexe : il faut à la fois éviter le risque systémique, et ne pas déresponsabiliser les acteurs. Selon les périodes, la balance peut pencher d'un côté ou de l'autre, avec toujours des effets pervers.

Dans les années trente, à la suite de la crise de 1929, on a laissé les banques fautives faire faillite. Le fameux risque systémique s'est alors matérialisé, entraînant une véritable destruction de l'économie et, par voie de conséquence, une déréliction du contrat social. Entre 1930 et 1933, plus de sept cents banques disparaissent. Entre 1929 et 1933, la production industrielle américaine est divisée par deux, le chômage explose.

À partir de la deuxième moitié des années quatre-vingt, les caisses d'épargne américaines (les *savings and loans*) sont en pleine débâcle. Elles paient la facture des risques qu'elles ont pris en investissant, non pas dans des produits structurés hypothécaires, mais dans des *junk bonds*[1] (titres de dette très risqués mais à très haut rendement). Le Trésor américain met alors sur la table plus de 100 milliards de dollars pour sauver le secteur. Le risque systémique est évité, mais cela n'incite pas les banquiers à être plus

---

1. Littéralement « obligations pourries ».

précautionneux. Ils recommencent à prendre des risques importants.

Face à ce problème, les États, et l'État américain en particulier, tentent de trouver une voie intermédiaire, en distinguant les difficultés des banques de dépôt de celles des banques d'investissement. Rappelons leurs rôles respectifs. Les banques de dépôt ont pour mission principale de collecter les dépôts (des ménages, des entreprises ou, plus globalement, de tous ceux qui disposent d'un excédent de trésorerie) pour les reprêter. Elles se rémunèrent en facturant un taux d'intérêt à ceux à qui elle prête des fonds. Leur marge, dite « d'intermédiation », est constituée par la différence entre ce taux d'intérêt, et le taux auquel elles empruntent elles-mêmes de l'argent. Le métier d'une banque d'investissement est différent. Les banques d'investissement pratiquent une activité dite de « haut de bilan » : elles aident les entreprises à s'introduire en bourse, à procéder à des augmentations de capital, à s'endetter directement auprès des marchés financiers sans passer par une banque de dépôt… En un mot, elles permettent aux entreprises de trouver des fonds. Aux États-Unis, les activités de banque de dépôt ont longtemps été distinctes de celles de banque d'investissement, en raison d'une réglementation adoptée dans les années trente, connue sous le nom de *Glass-Steagall Act* (finalement abrogée en 1999).

Lehman Brothers sacrifié

La politique de l'État américain adoptée ces derniers mois consiste à sauver les grandes banques de dépôt et à pousser les plus petites à se faire racheter par des structures plus importantes, en meilleure santé financière (Countrywide

Financial, le premier prêteur immobilier américain, s'est ainsi fait racheter à prix cassé par le géant Bank of America au début de l'année 2008). Par ailleurs, les banques qui ne peuvent plus honorer leurs engagements sont mises sous tutelle, et des restructurations sont tentées avant leur fermeture. Enfin, les actions concernant les banques d'investissement ou les autres opérateurs financiers sont étudiées au cas par cas. Ainsi, en mars 2008, la banque d'investissement Bear Stearns a fait l'objet d'un plan de financement d'urgence orchestré par la FED, avant d'être rachetée à prix cassé par JP Morgan Chase. Les autorités américaines ont considéré qu'il fallait démontrer aux marchés que l'État ne laisserait pas les banques faire faillite, fussent-elles des banques d'investissement. Fannie Mae et Freddie Mac, dont la réussite était telle que leur dette était devenue impossible à supporter, ont été mises en septembre 2008 sous la tutelle de l'État américain alors qu'elles subissaient de fortes pertes. L'État pensait en effet que leur faillite empêcherait le marché du crédit immobilier de fonctionner normalement. En revanche, pour éviter de donner le sentiment qu'il sauverait tout le monde, le gouvernement a laissé la banque d'investissement Lehman Brothers faire faillite le 15 septembre 2008.

Cette « non-assistance » a eu un retentissement considérable et a accéléré la chute des marchés financiers. En effet, les investisseurs ont réalisé que l'État ne sauverait pas tout le monde. La crise s'est alors incroyablement aggravée. Ainsi, lorsque l'assureur américain AIG s'est trouvé menacé de faillite en septembre 2008, l'État américain a choisi de ne pas laisser l'entreprise couler, mais a dû en pratique trouver une voie intermédiaire entre sauvetage et non-intervention. AIG, du fait de sa taille (et même s'il ne s'agit pas d'une banque), faisait courir un risque très important au système financier dans son ensemble s'il faisait faillite. Le Trésor américain lui a alors prêté 85 milliards de dollars, une somme très élevée, mais à un taux d'intérêt qui l'était aussi. L'État a surtout fait en sorte que les actionnaires d'AIG soient « punis ». Ainsi, les ventes des actifs d'AIG serviront en priorité à rembourser le Trésor. Ensuite, AIG pourra payer ses autres créanciers. Le reste – s'il existe – ira aux actionnaires.

Scène 8

Les agences de notation refusent de sanctionner les mauvais élèves

Il nous reste à évoquer le rôle des agences de notation, afin de compléter le tableau. Ces agences sont des institutions (souvent des entreprises) dont le rôle est d'évaluer le risque de crédit présenté par des sociétés, des États ou des collectivités locales. Il existe aujourd'hui dans le monde trois grandes agences de notation : Moody's, Standard & Poor's et Fitch Ratings. Elles n'ont pas vu venir la crise ou, en tout cas, ne l'ont pas annoncée. Or les banques leur ont fait totalement confiance…

Il est sûr que l'indépendance de ces agences est sujette à caution, dans la mesure où elles sont rémunérées par les institutions qui souhaitent être notées. Il est donc difficile, dans ces conditions, de faire preuve d'une totale indépendance d'esprit ! Plusieurs scandales ont d'ailleurs ébranlé la réputation de ces agences. Ainsi, quatre jours avant sa faillite retentissante, l'entreprise américaine Enron bénéficiait d'une bonne notation. De même, les produits structurés complexes à base de créances immobilières titrisées étaient également pour la plupart très bien notés jusqu'au déclenchement de la crise. On sait aussi, ce qui est plus grave, que lorsque les émetteurs de produits financiers n'étaient pas satisfaits de leur note, ces mêmes agences leur suggéraient des montages complexes afin de remédier à cet état de fait.

Quoi qu'il en soit, si les agences de notation n'ont pas créé la crise, elles n'ont pas non plus permis de la prévenir, loin de là. Il y a donc bien là un sujet de réglementation, dont les autorités financières américaines et européennes devraient s'emparer rapidement. Ajoutons que, dans un contexte de faible taux d'intérêt et de liquidités abondantes (ce qui a été le cas jusqu'en 2004), nombre d'investisseurs ont réalisé une analyse du risque un peu trop sommaire, s'en remettant rapidement à l'avis des agences de notation.

Acte II

LA CRISE GAGNE
LES CÔTES FRANÇAISES

Scène 1

Les Français craignent pour leur épargne

Je ne compte plus les personnes qui, depuis la fin du mois de septembre, m'ont demandé si elles devaient retirer leur argent de leur banque. Ma réponse a été invariable : « Pour quoi faire ? » Quelle que soit la situation du système bancaire, il sera toujours plus dangereux de conserver des billets sous son matelas ou même dans son coffre-fort. La probabilité de les perdre ou de se les faire voler sera toujours plus importante que celle de voir sa banque disparaître ! Plus sérieusement, avec quelques-uns de mes confrères, nous avons passé plusieurs semaines à écumer les plateaux de radio et de télévision pour rappeler :

- que les banques françaises sont solvables, c'est-à-dire qu'elles sont capables de rembourser leurs dettes et de respecter leurs engagements ;

- que même si elles ne l'étaient pas, l'État ne les laisserait pas faire faillite.

Commençons par une précision : un grand nombre de personnes pensent qu'on leur cache des choses, et que la situation des banques françaises est moins bonne qu'on ne le prétend. Le souvenir du nuage de Tchernobyl qui, selon les autorités françaises, s'était arrêté à la frontière allemande sans contaminer la France, reste dans les mémoires. Il est vrai que la communication du gouvernement a compliqué la tâche des experts. À force de répéter plusieurs semaines durant que l'économie française ne serait pas affectée par la crise mondiale, en raison des mesures adoptées sous l'impulsion de notre activiste Président, le gouvernement a vu sa crédibilité en matière d'analyse économique s'émousser. Par conséquent, quiconque a tenté par la suite de démontrer que le système bancaire français avait été plutôt bien géré ces dernières années, s'est vu suspecté de pratiquer la méthode Coué, ou même de répondre à des injonctions gouvernementales !

Les atouts des banques françaises

Revenons maintenant aux banques françaises. Leur exposition au risque n'a rien à voir avec celle des banques anglo-saxonnes, en particulier pour les activités de banque de dépôt. Cela s'explique par la réglementation très stricte en France concernant les prêts. Au risque de choquer, je dirai même qu'elle est *trop stricte*, dans la mesure où le taux d'endettement des ménages français est faible (environ 70 %). Il faut bien comprendre ce que signifie cet indicateur, souvent repris par les médias. Si les ménages français devaient, en une seule fois, rembourser la totalité de leurs crédits en cours (crédits immobiliers et crédits à la consommation) – ce qui ne peut évidemment pas se produire en réalité –, ils devraient y consacrer 70 % de leur revenu annuel. Dans la mesure où les crédits immobiliers s'étalent souvent sur plus de vingt ans, on comprend que le taux d'endettement français est peu important.

Dans la quasi-totalité des pays de l'OCDE (et pas seulement dans les pays anglo-saxons), le taux d'endettement des ménages est nettement plus élevé : environ 100 % en Allemagne, 115 % en Espagne, 150 % au Royaume-Uni ou 170 % aux Pays-Bas. La spécificité française tient largement à l'existence des taux d'intérêt plafonds déjà évoqués (les « taux d'usure »). Contrairement à une idée reçue, les statistiques européennes (en particulier celles publiées par le Conseil de l'Europe) montrent que la France est l'un des pays où la part de la population souffrant de surendettement est la plus faible (2 % environ). Ainsi, la réglementation française en matière de crédit, très lourde, aura au moins eu le mérite d'empêcher les banques de prendre trop de risques par rapport à la clientèle des particuliers.

Les banques françaises disposent d'un autre atout : elles sont diversifiées, c'est-à-dire qu'elles mènent de front des activités de banque de dépôt (collecte d'épargne et prêts), de banque d'investissement (opérations sur les marchés financiers pour le compte de clients), et parfois même de compagnie d'assurances. On a souvent parlé, à ce titre, des vertus du modèle français de « banque universelle ». En réalité, comme le corrige Nathalie Janson, professeur d'économie bancaire à l'ESC Rouen, il faut rendre à César ce qui appartient à César : le modèle initial de banque universelle n'est pas français, mais allemand. Après la privatisation du secteur bancaire français réalisée à partir de la fin des années quatre-vingt et la déréglementation du secteur bancaire et financier européen en 1993, les banques ont enfin pu pratiquer une diversité de métiers, y compris des activités d'assurance. Nathalie Janson rappelle que la plupart des banques françaises ont opté pour ce modèle de développement, en pariant sur l'existence de synergies entre les différentes activités (modèle du *one stop shopping* – une sorte de « supermarché de la banque »).

Nous avons vu précédemment que les banques américaines s'étaient développées depuis les années trente sur un modèle inverse : celui de la spécialisation, soit dans la banque de dépôt, soit dans la banque d'investissement. Tout le monde s'accorde à penser que les activités de banque d'investissement sont plus risquées que celles de banque de dépôt. Pourtant, des deux côtés de l'Atlantique, on a longtemps tiré de cette constatation des conclusions opposées. Pour les Américains, il est plus judicieux de séparer les deux types d'activités : ainsi, si les banques d'investissement sont en crise, le risque de contamination aux banques de dépôt est limité. Les Allemands, puis les Français, considèrent au contraire que les banques doivent être multiactivités, afin de diversifier les risques. Pour l'instant, les banques européennes ont mieux résisté à la crise que les banques américaines (même si sur ce point, il convient d'être extrêmement prudent)…

L'État au secours des banques

Voici un élément qui devrait vous rassurer : même en imaginant un scénario catastrophe dans lequel une grande banque française serait menacée de faillite, sachez que l'État interviendrait pour la recapitaliser (augmenter ses fonds propres) et la rendre de nouveau solvable. Il s'en rendrait ainsi en partie propriétaire, ou en d'autres termes, il la « nationaliserait ». Le gouvernement français, comme la plupart des gouvernements des pays de l'OCDE, s'y est engagé. Or l'État présente cette caractéristique d'être le seul agent économique à ne pouvoir faire faillite – contrairement à ce qu'avait déclaré François Fillon –, car il peut augmenter les impôts (il existera – malheureusement – toujours quelques particuliers ou quelques entreprises qui pourront payer davantage). Les entreprises ne fixent pas le niveau de leur chiffre d'affaires, qui est fonction de leur capacité à répondre à la demande de leurs clients. De même, les ménages ne choisissent pas le niveau de leurs revenus, qui dépendent, pour la plupart d'entre eux, du niveau de leur salaire. En revanche, les États peuvent décider d'accroître leurs recettes, en augmentant la fiscalité. Bien sûr, nous pouvons imaginer un niveau de prélèvements obligatoires tel qu'il tirerait vers le bas l'activité économique et, *in fine*, les recettes fiscales. Certes ce risque existe, mais il est néanmoins un peu théorique. En réalité, si les États n'augmentent pas toujours les impôts autant qu'ils le veulent, c'est essentiellement pour des raisons politiques : les citoyens n'ont pas une tolérance infinie aux prélèvements obligatoires !

« La fin du libéralisme, le retour du dirigisme », voilà la manière dont certains commentateurs, qui ne peuvent penser autrement qu'en termes d'idéologie, perçoivent les conséquences politiques de la crise financière. La réalité est plus technique. La crise a frappé de plein fouet les banques, or nous avons vu dans l'acte I pourquoi il était impossible de laisser les plus grandes structures faire faillite. Ainsi, la garantie de l'État s'est imposée d'elle-même.

Il faut savoir gré au Premier ministre britannique Gordon Brown d'avoir osé commencer à nationaliser, temporairement, plusieurs grandes banques. Ce revirement « socialisant » dans un pays de tradition libérale a fait couler beaucoup d'encre. La politique économique française, historiquement gaulliste et colbertiste[1], était confortée dans sa justesse : nous, au moins, n'avions pas à effectuer de grand revirement idéologique ! Cette interprétation me semble cependant erronée. Je pense que les premiers ministres britanniques, depuis Winston Churchill, possèdent une meilleure compréhension du fonctionnement de l'économie que les présidents de la République française (Nicolas Sarkozy me semble toutefois mieux connaître ces sujets que Jacques Chirac ou François Mitterrand ; en tout cas, il s'y intéresse davantage).

La nationalisation de certaines banques au Royaume-Uni, en France ou ailleurs ne relève pas d'un choix idéologique. Il n'est pas question, comme après la Seconde Guerre mondiale ou après l'élection de François Mitterrand en 1981, de prétendre que le rôle du système bancaire est de réaliser des objectifs de politique économique définis par l'État, et de répondre à tel ou tel besoin de la politique industrielle. Non, il s'agit juste d'apporter des capitaux aux banques, sachant que, dans les circonstances actuelles, seul l'État possède les moyens financiers suffisants pour le faire. Le moment où l'État devra sortir du capital des banques, en vendant ses actions et en engrangeant au passage – espérons-le – une jolie plus-value, sera à choisir de manière judicieuse.

---

1. Le gaullisme et le colbertisme ont comme point commun de considérer que les marchés doivent se plier à la volonté d'un gouvernement qui fixe les grandes orientations économiques.

Tous les placements ne sont pas sans risque

Depuis le début de la crise, les médias évoquent souvent le système de garantie des dépôts qui protège les épargnants français. Le Fonds de garantie des dépôts a été créé par la loi du 25 juin 1999 sur l'épargne et la sécurité financière. Il a pour mission d'indemniser les déposants, dans la limite de 70 000 € par personne, lorsqu'une banque fait faillite. Au regard de ce qui existe dans les autres pays développés, ce montant est plutôt élevé. Certains observateurs s'interrogent toutefois sur les réelles capacités financières de ce fonds. Si jamais une faillite bancaire devait survenir, les déposants pourraient-ils vraiment être indemnisés ? En réalité, cette question ne se posera pas, car il n'y aura pas de faillite de grande banque. Au pire, l'État interviendra en nationalisant l'établissement défaillant. Cette action aura un coût pour les finances publiques, et donc pour le contribuable, mais quelques années après seulement. Le plus urgent est de sauver les banques. Le temps des considérations sur les finances publiques viendra ensuite, quand la crise financière sera passée.

Attention à ne pas confondre dépôts et investissements risqués ! Si vous achetez des actions ou, plus généralement, si vous placez une partie de votre argent dans des produits financiers risqués, vous devez vous attendre à perdre de temps en temps une partie de votre capital. Cela fait partie du jeu, il n'y a rien de scandaleux à cela. Certains placements (comme les livrets d'épargne du type livrets A ou livrets de développement durable) sont sans risque, mais leur rémunération est relativement basse. À l'inverse, certains produits sont plus risqués (par exemple les SICAV les plus « dynamiques », investies pour partie ou en totalité en actions), mais permettent aussi de réaliser parfois des plus-values assez importantes. En finance, la rentabilité est toujours fonction du risque, il est impossible d'échapper à cette loi d'airain. Les épargnants doivent en avoir conscience.

En revanche, par pitié, ne vous sabordez pas en vendant des actions dont le prix est très bas, pour acheter de l'or dont le prix est très haut ! Agir ainsi est complètement irrationnel, c'est transformer une perte éventuelle en perte certaine : une fois que vous avez vendu vos actions, vous avez matérialisé votre moins-value, vous ne récupérerez plus votre mise initiale, sauf à effectuer un nouveau placement, plus heureux. Et de plus, vous achetez de l'or si cher, qu'il y a peu de chances que vous le vendiez dans quelques années à un cours plus élevé.

Scène 2

Le patron de PME souffre d'insomnies

Le krach financier diminue la capacité des banques à prêter, or les crédits sont indispensables à la survie des PME, qui constituent le cœur de l'économie française.

Un contexte particulièrement hostile au crédit

Nous l'avons vu, une banque emprunte de l'argent (en particulier celui des déposants) pour le reprêter. Ainsi, elle ne prête pas seulement l'argent qu'elle possède (ses fonds propres), mais aussi des sommes qu'elle a empruntées. Ses fonds propres constituent une protection si jamais elle devait faire face à des demandes de remboursement de la part de ses créanciers, ou si les épargnants souhaitaient, en masse, retirer leurs dépôts. Si la valeur des fonds propres d'une banque diminue, son niveau de protection est moins élevé, elle prendra donc moins de risques et prêtera moins facilement.

Prenons un petit exemple chiffré. Les fonds propres d'une banque s'élèvent à 10 €. Elle emprunte 100 € et dispose donc de 110 € (10 € de capital + 100 € de dette). Elle en prête 100 € et en met 10 € de côté. Jusqu'ici, tout va bien.

Imaginons maintenant que, sous l'effet d'une crise économique et d'une montée du chômage, ses emprunteurs ne
puissent lui rembourser que 90 € sur les 100 € prêtés. Ses
créances ne valent donc plus que 90 € et elle dispose de
10 € de réserves. Par conséquent, son actif (la valeur de
son patrimoine) s'élève à 100 €, soit exactement le niveau
de ses dettes ! Le montant de ses fonds propres tombe alors
à 0 €. En conséquence, elle n'a plus le droit de prêter, car
la loi exige que les banques aient un montant minimal de
fonds propres pour pouvoir faire crédit (nous reviendrons
en détail sur ce point ultérieurement).

La crise bancaire a entraîné une forte et rapide dévalorisa-
tion de la valeur des actifs bancaires. Expliquons-nous : les
banques détiennent des créances sur leurs clients, mais
aussi des titres financiers, qui vont du plus simple au plus
complexe, de l'action au CDO. Tous ces titres ont vu leur
valeur diminuer fortement ces derniers mois. Les créances
sont plus risquées (le risque que le client, auquel la banque
a prêté, connaisse des difficultés de remboursement,
s'accroît) et perdent elles aussi de leur valeur. Bien
entendu, les produits les plus complexes, comme les
actions, sont les premiers touchés. Cette forte diminution
entraîne celle des fonds propres des banques. Or, moins de
fonds propres, c'est moins de crédits pour l'économie. Il
pourrait même advenir un phénomène de *credit crunch*,
c'est-à-dire de chute très forte de l'offre de crédit de la
part des banques, lesquelles n'ont pratiquement plus les
moyens de prêter, ni aux ménages, ni aux entreprises.

Par ailleurs, la crise intervient dans un contexte réglemen-
taire nouveau, dit « de Bâle II », qui porte sur la distribution des crédits bancaires. Avant Bâle II, la valeur des fonds
propres que les banques devaient mettre de côté pour

prêter s'élevait à 8 % des crédits. Cette règle était simple, et même fruste dans la mesure où elle ne permettait pas d'évaluer le degré de risque selon l'emprunteur. Depuis Bâle II, le montant minimum des fonds propres dépend avant tout du risque lié au prêt. Or, comme nous l'avons vu, la crise financière se traduit par une contraction mécanique des fonds propres des banques. Ces dernières sont en quelque sorte obligées d'« économiser » leurs fonds propres, en sélectionnant plus strictement que jamais les crédits en fonction du risque présenté par leurs clients. Avec ce nouveau système, la Banque de France estime qu'environ 20 % des entreprises feront face à des conditions d'accès au crédit plus compliquées qu'avant Bâle II.

Petites entreprises en péril

La diminution des crédits est un problème particulièrement épineux pour les entreprises, surtout les petites. Les banques les considèrent en effet comme leurs clients les plus risqués, souvent à raison. Il s'avère que la probabilité de faire faillite est trois fois plus importante pour des entreprises créées il y a moins de cinq ans que pour celles qui ont plus de dix ans. La réticence des banques à l'idée de prêter aux petites entreprises, surtout en période de difficultés économiques, s'explique donc.

Par ailleurs, celles qui ne prêtent pas moins le font à des taux plus élevés :

- d'une part parce qu'elles empruntent de l'argent à un taux plus important à cause de la crise, elles répercutent donc cette hausse sur les crédits qu'elles octroient ;

- d'autre part parce qu'un taux d'intérêt plus élevé leur permet de compenser le risque qu'elles prennent.

Or les frais financiers des PME, qui dépendent du niveau des taux d'intérêt, augmentent, alors même qu'en France, leurs profits ne sont pas très élevés.

Emprunter pour survivre à court terme

Les PME ont absolument besoin d'emprunter à court terme, afin de financer leur trésorerie. Imaginez un instant que vous soyez gérant d'une entreprise fabriquant des meubles. Vous avez pour clients des réseaux de distributeurs présents dans toute la France. Lorsque vous leur vendez vos meubles, vos distributeurs ne vous paient pas tout de suite. En France, les délais de paiement moyens entre entreprises sont supérieurs à 65 jours (le gouvernement actuel a d'ailleurs pour objectif de les réduire[1]). Cela signifie que, pendant 65 jours, vous faites crédit à votre client. Cette forme de prêt s'appelle le « crédit interentreprises ». Il concerne non seulement le commerce entre entreprises françaises, mais aussi avec l'étranger. Pour Yves Poinsot, directeur général de l'assureur-crédit Atradius, le niveau du crédit interentreprises en France est « monstrueux ». Selon lui, la mondialisation a accru les difficultés à se faire payer rapidement, notamment parce qu'il est difficile de traiter de ce genre de problème avec une entreprise chinoise ou indienne, éloignée physiquement de la vôtre, et évoluant dans un cadre juridique très différent.

---

1. C'est l'un des objectifs de la Loi de Modernisation de l'Économie.

Revenons à votre entreprise de meubles. Vos salariés, eux, ne vous font pas crédit ! Vous devez les payer, sans faute, en totalité, à chaque fin de mois. C'est alors que vous avez besoin d'une banque, pour vous prêter l'argent qui viendra combler ce que l'on appelle le « besoin en fonds de roulement ». Si votre banque vous fait défaut, vous pouvez vous retrouver dans l'impossibilité d'honorer vos engagements. Ce risque n'est pas théorique : à l'heure actuelle, une faillite sur quatre est due à des impayés ou à des retards de paiement. Vous comprenez donc ce que peut signifier un *credit crunch* pour des patrons de PME. Il y a vraiment de quoi souffrir d'insomnies…

Emprunter pour survivre à long terme

Les PME ont également besoin de crédits à long terme pour investir : renouveler par exemple leur parc d'ordinateurs et d'imprimantes, augmenter leurs capacités de production en acquérant de nouvelles chaînes de montage ou des bâtiments industriels, acheter des machines-outils plus modernes, acquérir une licence pour un nouveau logiciel de *workflow*… Les investissements sont souvent lourds, c'est-à-dire coûteux, et s'amortissent sur plusieurs années. Les achats effectués sont donc destinés à rester dans l'entreprise durablement.

Or un investissement de long terme doit être financé par des ressources stables. Il n'est pas question d'acheter une machine-outil en retournant voir son banquier tous les six mois pour lui demander un nouveau prêt. L'entrepreneur doit, dès le départ, négocier un prêt à moyen ou long terme, ce qui une fois encore n'est pas sans risque pour le banquier. Cependant n'est-ce pas son métier, que de prendre ce type de risques de façon maîtrisée ? L'investissement constitue l'une des principales composantes de la croissance économique, avec la consommation et les exportations. Investir, c'est étendre ses capacités de production, mais également moderniser son capital et devenir ainsi plus compétitif. Les investissements contribuent donc à la croissance future.

Il va falloir négocier !

Les considérations réglementaires évoquées plus haut peuvent sembler un peu abstraites. Elles ont pourtant des conséquences tangibles, surtout dans une situation où les banques ferment progressivement le robinet du crédit. Durant les prochains mois, les seules entreprises qui pourront accéder normalement au crédit seront celles qui inspirent vraiment confiance à leur banquier, celles qui présentent le moindre risque. Leur capacité à dégager des profits constitue bien entendu un élément de choix pour la banque, mais d'autres aspects plus qualitatifs prennent désormais de l'importance, comme la capacité du dirigeant à dialoguer avec son banquier. C'est un point essentiel, dans la mesure où les gérants de PME et leur banque généralement ont du mal à se comprendre, voire à s'entendre…

Les PME, cœur de l'économie française

Il faut bien comprendre que ce sont essentiellement les PME qui font l'économie française. Les entreprises de moins de 250 salariés représentent en effet près de 98 % du total des entreprises françaises, et 55 % de l'emploi. Depuis la Loi pour l'initiative économique de 2003, qui a beaucoup simplifié les procédures de création, de nombreuses sociétés ont vu le jour en France.

Notre pays compte même davantage de structures que les États-Unis[1], pourtant réputés patrie de l'« esprit d'entreprise ». En revanche, nous avons plus d'entreprises de moins de 20 salariés[2], et moins de grosses PME comprenant entre 20 et 500 salariés[3]. Or ce sont bien les grosses PME en forte croissance, ces « gazelles » pour reprendre le terme de Renaud Dutreil, qui sont les plus prometteuses en termes de conquête de nouveaux marchés (en particulier à l'international) et d'emplois.

Un *credit crunch* ferait donc courir un risque très important à nos PME, et par conséquent à l'économie française tout entière. Il faut s'attendre à ce qu'un certain nombre d'entreprises, fragiles, fassent faillite en raison de la diminution de l'offre de crédit. Les plus optimistes considèrent qu'il s'agit là d'une « purge » nécessaire, dans la mesure où les créations d'entreprises ont été parfois trop nombreuses ces dernières années dans un certain nombre de secteurs (l'immobilier ou les services à la personne par exemple). Les plus pessimistes pensent au contraire qu'un nombre élevé de faillites vide l'économie française de sa substance, et affaiblit ses perspectives de croissance à long terme.

La vérité est entre les deux. Certes les faillites d'entreprises constituent un moyen de régulation du capitalisme. Cependant, voir des entreprises disparaître parce que les conditions de crédit se font restrictives est difficilement

---

1. Près de 250 pour 10 000 habitants en âge de travailler en France contre à peine plus de 200 outre-Atlantique.
2. 230 pour 10 000 habitants en âge de travailler en France contre 175 outre-Atlantique.
3. 16 pour 10 000 habitants en âge de travailler en France contre 25 outre-Atlantique.

acceptable. C'est pourquoi les plans de soutien aux PME qui peuvent être mis en place par les gouvernements sont justifiés. Les exonérations d'impôts (comme celle de la taxe professionnelle, ou l'accélération et la hausse du remboursement du crédit impôt recherche) peuvent par exemple redonner de l'oxygène aux entreprises. OSEO, l'établissement public qui garantit certains crédits et qui peut même cofinancer des investissements, met actuellement toute son énergie à accompagner les PME dans leur développement, avec le concours de l'État. Il est néanmoins à craindre que cette structure soit sous-dimensionnée pour la tâche à accomplir, dépassée par son succès.

La reprise économique, la vraie, celle qui se traduira par un rebond de l'activité fort et durable, n'interviendra que dans un contexte où les banques auront assaini leur bilan et pourront de nouveau accompagner les PME dans leur croissance.

Scène 3

L'achat d'une maison se complique

Une chose est sûre, il est désormais compliqué d'obtenir un crédit pour acheter un appartement ou une maison. Pourtant, s'il est un secteur qui a fait preuve d'un grand dynamisme ces dernières années, c'est bien l'immobilier. Entre 2004 et 2007, l'encours de crédits immobiliers (la valeur de la totalité des prêts que les ménages doivent rembourser aux banques) a augmenté de 50 % ! Dans le même temps, la durée moyenne des crédits immobiliers s'est beaucoup allongée. De douze ans et demi en 1995, elle est passée à plus de vingt et un ans aujourd'hui. Certaines banques sont allées jusqu'à proposer un prêt à trente-cinq ans. En Espagne, la durée des crédits a pu aller jusqu'à cinquante ans. La France, heureusement, a été plutôt bien protégée de ces excès.

Des conditions de prêts plus strictes

Le krach financier affecte bien sûr directement le crédit immobilier puisqu'il touche les banques. En pratique, les emprunteurs font face à un triple phénomène :

- premièrement, les banques leur demandent un apport personnel de plus en plus important, en particulier pour les crédits supérieurs à vingt ans. La crise a entraîné une réévaluation des garanties exigées par les banques. Les primo-accédants (ceux qui souhaitent acheter pour la première fois) sont donc nombreux à devoir remettre à plus tard leur projet ;

- deuxièmement, la durée moyenne des prêts est raccourcie. Les banques prennent moins de risques en prêtant sur des durées plus courtes (le prêt à trente-cinq ans n'est plus d'actualité) ;

- troisièmement, les taux d'intérêt sont plus élevés. Nous l'avons vu, les banques font face à une pénurie de liquidité sur le marché interbancaire. Le coût de l'argent (soit le taux auquel les banques empruntent de l'argent sur ce marché) s'y est donc accru, augmentant au passage les mensualités des quelques emprunteurs qui, mal conseillés, avaient souscrit ces dernières années des prêts à taux variables. Selon Geoffroy Bragadir, le fondateur du courtier en ligne *Empruntis.com*, sur 100 dossiers de demande de prêt immobilier acceptables en janvier 2007, seuls 79 l'étaient encore en octobre 2008 du seul fait de la hausse des taux.

Revenons sur ce dernier point. Les banques, qui « achètent » de l'argent à un prix plus élevé, le « revendent » également à un prix plus élevé. Ne croyez pas toutefois qu'elles en profitent pour prélever des marges importantes. Le crédit immobilier reste, pour les banques, un produit d'appel. Elles préfèrent donc ne pas gagner d'argent sur ce service si elles peuvent, par la suite, vendre aux emprunteurs des produits plus rentables, comme des crédits à la consommation ou des produits d'épargne. Ainsi, la hausse du coût des crédits immobiliers ne fait bien souvent que compenser l'augmentation des coûts de refinancement des banques (le coût auquel elles achètent de l'argent). Là encore, il s'agit d'une conséquence directe de la crise, dont les ménages font les frais.

Des emprunteurs plus vulnérables

Non seulement les banques demandent aux ménages des garanties plus importantes que par le passé, mais la situation financière de ces mêmes ménages se détériore. En effet, la crise économique entraîne une remontée du chômage qui se traduit, pour les emprunteurs, de deux manières.

Les personnes qui perdent leur emploi voient leur accès au crédit fermé à double tour. Si les banques sont réticentes à l'idée de prêter à un salarié intérimaire ou en contrat à durée déterminée, imaginez-les face à un demandeur d'emploi !

Celles qui conservent leur emploi voient leurs salaires tirés vers le bas. Dans une économie de marché, le niveau des salaires résulte de négociations entre le salarié et le dirigeant de l'entreprise. Si le taux de chômage est bas, c'est-à-dire si une faible proportion seulement de la population active recherche un emploi, le rapport de force est plutôt favorable au salarié. Il peut donc, plus facilement qu'en période de chômage de masse, négocier une revalorisation de son salaire. Malheureusement, le chômage risque de remonter, et donc les salaires de progresser sur un rythme asthénique. Dans ces conditions, il sera de plus en plus compliqué de constituer l'apport personnel demandé par les banques.

Par ailleurs, environ 40 % des personnes qui achètent un bien immobilier le font grâce au produit issu de la vente préalable de leur ancien logement. Cette stratégie a un avantage : elle permet de dégager les fonds nécessaires à la nouvelle acquisition, en les complétant éventuellement grâce à un nouveau crédit, généralement limité. Les sommes mobilisées serviront à acquérir un bien immobilier plus grand, mieux placé, en tout cas plus cher. Toutefois, il reste un inconvénient de taille : il faut attendre d'avoir vendu son logement pour commencer ses recherches. Or une fois les acheteurs trouvés, le temps presse pour retrouver un toit, ce qui peut conduire à acheter un nouveau bien trop rapidement.

C'est pour cette raison que les banques proposent des crédits un peu particuliers appelés « prêts relais ». Le principe est le suivant : vous avez besoin de la somme issue de la vente de votre maison pour acheter votre nouveau logement. Une banque va donc vous avancer une partie de cette somme (en général entre 50 % et 60 %). Durant la période de transition, vous ne paierez que les intérêts du prêt relais, sans rembourser le capital emprunté. Le prêt est soldé au moment de la vente de votre bien.

Si vous réussissez à vendre dans le temps imparti, tout va bien. Cependant, si le marché immobilier est atone − ce qui est désormais le cas − et si vous tardez à vendre, le prêt relais vous coûtera de plus en plus cher. Il ne vous restera guère qu'une porte de sortie : brader votre logement. Vous pouvez certes demander un allongement du prêt à votre banque, mais dans la situation actuelle, il est peu probable qu'elle accepte.

Les prix de l'immobilier baissent... mais restent élevés

Le fait de brader son bien parce qu'on doit le vendre rapidement entretient un phénomène désormais bien réel en France, qui va durer plusieurs années : la baisse des prix de l'immobilier. Il est vrai qu'ils partent de haut... En dix ans, du début de l'année 1998 au début de l'année 2008, le prix des logements anciens a augmenté de plus de 150 % ! Le prix des maisons anciennes a gagné 143 %, et ceux des appartements plus de 160 % ! Or durant la même période, le pouvoir d'achat des ménages ne s'est accru que de 20 %... Cette phase d'euphorie de l'immobilier est désormais derrière nous, d'une part pour des raisons propres au secteur (on ne peut pas s'attendre à ce que les Français déménagent tous les ans : les périodes de forte activité sont donc toujours suivies de temps plus calmes), et d'autre part à cause du resserrement des conditions d'accès au crédit. Si le nombre de ménages pouvant obtenir un crédit diminue, il y aura moins de transactions, et donc les prix baisseront. Cette application basique de la loi de l'offre et de la demande peut s'observer aujourd'hui.

Certains observateurs s'inquiètent de l'effet de cette chute des prix sur la consommation des ménages, qui constitue l'une des composantes principales de la croissance économique. Leur idée est la suivante : l'immobilier représente les deux tiers de la valeur du patrimoine des ménages. Si le prix des logements recule, les propriétaires voient leur patrimoine se dévaloriser. Pour compenser cette perte, ils vont placer davantage d'argent, afin par exemple de toucher un taux d'intérêt. Les économistes appellent cela l'« effet de richesse » : selon eux, lorsque les prix de l'immobilier montent, les ménages consomment davantage ; lorsqu'ils baissent, les ménages épargnent davantage.

Ce lien supposé entre prix de l'immobilier et consommation existe bien dans les pays anglo-saxons, mais pour des raisons qui tiennent à la nature des produits bancaires de crédit. Là-bas, les banques commercialisent des crédits associés à des « recharges hypothécaires » dont le principe est le suivant : vous souscrivez un premier crédit, adossé à une hypothèque (votre logement). Si les prix de l'immobilier montent, la valeur de l'hypothèque s'accroît, et vous pouvez « recharger » votre crédit, c'est-à-dire accroître votre capacité d'endettement. Avec ce nouvel endettement, vous pouvez consommer. En France, ces produits n'existent pas, ou du moins pas encore. Par conséquent, je reste dubitatif devant l'existence de cet « effet richesse ». En revanche, il est certain qu'une activité ralentie du secteur de l'immobilier implique une baisse de la consommation des ménages, dans le domaine de l'équipement de l'habitat. En effet, on déménage généralement pour vivre dans un bien plus grand, qu'il faut alors meubler. Un changement de logement est aussi souvent l'occasion de renouveler l'électroménager, et éventuellement de faire des travaux de décoration ou d'isolation. En d'autres termes, on dépense plus. Le retournement du marché de l'immobilier grippe ce mécanisme, et affecte par ce biais la consommation.

Le ralentissement que connaît l'immobilier ancien existe aussi pour la construction neuve, ce qui explique les inquiétudes des promoteurs immobiliers. Depuis 2005, les promoteurs interrogés chaque trimestre par l'Insee ont noté un recul de la demande. Ce dernier s'est mué en récession à partir du moment où les constructeurs ont dû diminuer leur production de logements. Ainsi, les mises en chantier de nouveaux logements ont commencé à refluer au cours de l'année 2007, ce qui n'empêche pas les stocks d'invendus d'augmenter. Heureusement, il s'agit de stocks commerciaux, virtuels et non physiques. En effet, il faut savoir que les promoteurs français commercialisent le plus souvent les logements avant de les construire. L'inconvénient pour l'acquéreur est qu'entre la signature de la vente et l'emménagement s'écoulent de longs trimestres. Néanmoins, au niveau économique, l'avantage est important : il n'existe pas ou peu de stocks au sens matériel, pas d'immeubles fraîchement construits qui resteraient désespérément vides en France, sauf à casser complètement les prix. Dans la situation compliquée qui est la nôtre aujourd'hui, c'est une bonne chose.

J'ajoute que, si je pense que les prix de l'immobilier vont baisser de façon significative, la tendance à long terme redeviendra à la hausse. Il existe en effet un besoin de logements non satisfait en France, à la fois pour des raisons démographiques et économiques. Les études réalisées sur ce sujet estiment que ce besoin serait comblé si, d'ici 2010, on construisait 500 000 nouveaux logements par an, puis 350 000 par la suite. Ce ne sera bien entendu pas le cas…

Pourquoi les Français ont-ils besoin d'autant de lieux de vie ? Pour trois raisons. Tout d'abord, rappelez-vous qu'un couple sur deux divorce. Or, cette situation implique le plus souvent qu'un ménage (deux adultes et éventuellement des enfants) se transforme momentanément en deux ménages de taille plus petite (un adulte et les enfants d'une part, et un adulte d'autre part). La demande de maisons ou d'appartements s'accroît donc, même s'il s'agit de logements de taille plus réduite. Ensuite, le vieillissement de la population entraîne une vague d'achats de résidences secondaires, en particulier à Paris et dans le Sud de la France. Enfin, les entreprises demandent à leurs salariés d'être de plus en plus mobiles. Cette mobilité peut se traduire par un phénomène de double résidence, une réalité peu réjouissante appelée « célibat géographique ».

L'activisme du gouvernement

Sur la question du logement, le gouvernement – auquel on peut tout reprocher sauf son manque de volonté d'agir – fait flèche de tout bois. Le fameux « paquet fiscal », voté peu après l'élection de Nicolas Sarkozy en 2007, a permis aux ménages de déduire de leur impôt sur le revenu une partie des intérêts d'emprunts payés au titre du crédit lié à l'achat d'une résidence principale. Toutefois, pour en bénéficier, encore faut-il avoir accès au crédit !

Le président de la République souhaite élargir l'accès au PAS (prêt à l'accession sociale), qui bénéficie d'une aide de l'État et est destiné aux personnes à revenus modestes. C'est une bonne idée, mais qui là encore, ne règle pas le cœur du problème : l'impossibilité pour les banques de se procurer des ressources financières stables à long terme.

Enfin, l'État a annoncé le rachat de 30 000 logements, dont la construction a été planifiée par les promoteurs, mais non mise en œuvre faute de clients suffisants. Par cette mesure, l'État supplée la demande privée devenue défaillante. Le gouvernement dépense ainsi beaucoup d'argent (1,5 milliard d'euros en l'occurrence) pour soigner un symptôme. Une telle stratégie n'est pas illégitime en soi, mais sa mise en place demande une vraie analyse coûts/avantages, et j'aimerais être certain qu'elle a été réalisée.

Scène 4

Il devient plus coûteux
d'acheter une voiture

Les difficultés d'accès au crédit évoquées pour le crédit immobilier se retrouvent, dans une moindre mesure, pour le crédit à la consommation. Les acteurs de ce marché subissent le krach financier. Ce sont à la fois les grandes banques (Crédit Agricole, BNP Paribas, Crédit Mutuel, Société Générale…), les établissements spécialisés (Sofinco, Cetelem, Cofinoga, Cofidis…), dont les prêts peuvent souvent être souscrits directement dans les magasins, et les filiales de constructeurs automobiles. La valeur de leurs créances (l'argent qu'ils ont prêté) tend à s'effriter en raison de l'augmentation des incidents de paiement liée à la stagnation – voire, dans certains cas, à la baisse – du pouvoir d'achat et à l'augmentation du nombre de chômeurs. Par conséquent, ils acceptent moins de demandes de crédit.

Il faut toutefois reconnaître que l'impact du krach financier est beaucoup plus problématique pour l'accès au crédit immobilier que pour l'accès au crédit à la consommation. Les crédits immobiliers sont lourds, à long terme, ils mobilisent beaucoup plus de fonds propres que les prêts à la consommation. C'est donc sur les crédits immobiliers que les banques vont tenter d'être les plus restrictives. Les crédits à la consommation présentent de leur côté l'avantage d'être plus rapidement remboursés, et donc plus vite rentabilisés par l'établissement prêteur (même si les marges réalisées sur ces crédits ont, ces dernières années, beaucoup reculé). Il n'y a pas, donc, de risque de *credit crunch* sur ce type de produits. En revanche, les banques et les sociétés spécialisées dans le crédit à la consommation font face à une montée des incidents de paiement. Face à cela, elles deviennent plus sélectives, choisissant leurs clients parmi ceux qui présentent un moindre risque de non-remboursement.

Tensions sur les taux d'intérêt

Si le *credit crunch* n'est pas d'actualité pour les crédits à la consommation, nous pouvons tout de même déjà observer une augmentation de leur coût. Les raisons de cette hausse sont toujours les mêmes : les établissements de crédit doivent acheter de l'argent de plus en plus cher, ils le revendent donc également à un prix plus élevé. Prenons les faits sous un autre angle : à durée et mensualités égales, le montant du crédit accordé diminue. Ainsi, l'augmentation de 1 point du taux d'intérêt (de 6 % à 7 %) pour un prêt personnel à la consommation sur trois ans a pour conséquence, à mensualités constantes, de diminuer le montant accordé de 1,5 %. L'impact est donc plus que modéré. Alors que si l'on considère un prêt immobilier à vingt ans, l'augmentation du taux de 1 point (de 4 % à 5 % par exemple) a pour conséquence, à mensualités constantes, de diminuer le montant accordé de 8 %.

La plus ou moins grande difficulté qu'éprouvent les établissements de crédit à emprunter de l'argent dépend, en partie, de la nature de leur actionnariat. Autrement dit, à qui appartiennent-ils : à des grandes banques, à des constructeurs automobiles, à des distributeurs ? Cette question est essentielle, car même si le niveau de confiance des marchés financiers dans les banques françaises a diminué, personne n'imagine qu'elles puissent faire faillite. L'État viendra toujours les préserver de l'insolvabilité, sauvant par conséquent leurs filiales. Aussi les sociétés de crédit à la consommation qui appartiennent à des banques ont-elles nettement moins de mal à trouver de l'argent que les établissements détenus par exemple par des constructeurs automobiles. De même, elles l'achètent à un coût moins élevé, ce qui devrait se répercuter sur le taux d'intérêt payé par les consommateurs. Dans les périodes difficiles, il est donc plus que jamais important de comparer les offres, pour faire jouer la concurrence.

Un outil au service de la consommation

Ce resserrement de l'offre des crédits à la consommation n'est pas sans implications économiques. En effet, le crédit joue un rôle important dans le maintien de la conjoncture, car la consommation est l'une des principales composantes de la croissance.

Les ménages essaient en général de maintenir un rythme de consommation à peu près constant au cours de leur vie. En revanche, les évolutions de pouvoir d'achat, elles, sont soumises aux variations des prix, des salaires, des primes ou bonus reçus les années fastes et qui disparaissent les mauvaises, des impôts à verser… En termes de situation financière personnelle, toutes les années ne se ressemblent pas. Les ménages ont, quand leurs revenus diminuent, deux possibilités pour maintenir leurs dépenses au niveau qui leur convient : épargner moins ou recourir au crédit. Or certains ménages peuvent vouloir continuer à virer une partie de leur revenu vers un compte bancaire pour leur retraite, en vue d'une donation ou d'un projet immobilier. Ainsi, les fluctuations de la demande de crédits à la consommation servent à stabiliser la conjoncture économique. Quand le pouvoir d'achat est moins dynamique, la consommation ne plonge pas, car les ménages – en tout cas ceux à qui l'on prête – ont toujours la possibilité de souscrire un crédit pour acheter une voiture, remplacer une machine à laver, changer leur chaudière à gaz, etc.

Prenons le cas de l'automobile, un des secteurs clés typiques de l'économie française. Sa production représente près de 9 % de la production manufacturière totale dans l'hexagone, sans compter en amont les industries qui alimentent les équipementiers, et en aval les concessionnaires et le secteur de la réparation. Même s'il est abusif de prétendre que, « quand l'automobile va, tout va », l'économie française se porte tout de même mieux lorsque cette branche d'activité est dynamique. Or sa vigueur est indissociable de la capacité des établissements de crédit à la consommation à prêter. Comme le rappelle Nicolas Pécourt, qui dirige les études chez Sofinco, trois automobiles neuves sur quatre sont acquises par les particuliers grâce à un financement. Ce recours au crédit n'a rien d'étonnant, puisque le prix moyen d'un véhicule représente en France à peu près la moitié du salaire annuel moyen d'un ménage. Nicolas Pécourt relève d'ailleurs que ce sont des constructeurs automobiles, et non des banques, qui ont créé au début du XXᵉ siècle les premières sociétés spécialisées dans le crédit à la consommation, afin de faciliter la vente de leurs voitures. Les distributeurs de meubles et d'électroménager ont suivi le mouvement durant les Trente Glorieuses.

Le crédit sert non seulement à stabiliser la consommation, mais aussi à augmenter son niveau. À partir du moment où les ménages ont la possibilité de s'endetter au titre du crédit à la consommation, ils peuvent avoir un niveau de dépenses durablement plus élevé que s'ils n'avaient pas eu accès au crédit. Pour résumer, disons que le crédit à la consommation ne sert pas qu'à se faire plaisir, c'est aussi un outil au service de la croissance.

Et pourquoi ne pas encourager le crédit ?

Voilà pourquoi je pense qu'il serait économiquement justifié que le crédit à la consommation dispose des mêmes avantages fiscaux que le crédit immobilier, c'est-à-dire qu'une partie des intérêts payés par les ménages soient déductibles de l'impôt sur le revenu. La relance par le crédit à la consommation présente en effet plusieurs avantages par rapport à la distribution d'argent public censée doper les achats des ménages. Ainsi, l'argent prêté par une banque est mieux « ciblé » que celui qui est alloué par l'État. Ce dernier vise une catégorie de citoyens (familles à faibles revenus, jeunes accédants à la propriété, chômeurs de longue durée…), sans individualisation possible. La banque, elle, prête à une personne ayant un besoin précis : financer l'achat d'un véhicule, d'un réfrigérateur, d'un salon… Elle a donc l'assurance que l'argent prêté sera consommé. En revanche, lorsque l'État distribue de l'argent, celui-ci n'est pas forcément utilisé, il peut être épargné. J'ajoute que la perte de recette fiscale qu'impliquerait cette déduction d'impôts reviendrait à l'État sous forme de TVA… Comme pour les plans de soutien au système financier, il ne s'agit pas d'aider les prêteurs, mais de nous aider nous, consommateurs.

J'ai bien conscience que le fait d'encourager le crédit n'est pas à la mode dans un climat qui n'est plus au consumérisme débridé. Pourtant, je pense que dans la période qui s'annonce, le rôle de la politique économique sera :

- de permettre aux ménages de ressentir le moins possible les effets de la récession ;
- de mettre en place des dispositifs de soutien à l'économie, et donc à la consommation.

Certains rétorqueront que l'essor du crédit à la consommation est générateur de surendettement. D'après les statistiques, ces cas relèvent de l'exception – dramatique il est vrai. Selon les chiffres de la Banque de France, le surendettement trouve son origine essentiellement dans un accident de la vie, à savoir une perte d'emploi, un divorce ou une maladie. Le seul excès de crédits n'explique que 14 % des cas de surendettement, et ce taux est en recul depuis plusieurs années, car les banques ont tout intérêt à réduire le nombre d'accidents de paiement.

Acte III

LA PEUR DE LA RÉCESSION

Scène 1

Le salarié craint pour son emploi et son porte-monnaie

Depuis l'été 2008, le mot « récession », aussi anxiogène que « krach », est revenu sur le devant de la scène. Tout le monde répète à l'envi que la récession se définit comme « une baisse du PIB (produit intérieur brut) pendant deux trimestres consécutifs au moins ». En d'autres termes, il s'agit d'une diminution prolongée de l'activité économique.

Examinons ce point plus en détail. L'activité économique se mesure effectivement grâce au produit intérieur brut (PIB), indicateur qui correspond à la production de biens et de services sur un territoire donné (la France par exemple). Une usine fabrique des voitures, un coiffeur fait une coupe, un enseignant apprend à lire à vos enfants… toutes ces activités produisent du PIB. Il n'y a donc rien de bien compliqué derrière ce concept, largement utilisé et pourtant souvent mal compris. Les entreprises ne produisent que si elles ont en face d'elles une demande solvable, c'est-à-dire des clients prêts à payer pour les biens ou services qu'elles proposent. Cette demande peut émaner :

- des ménages, qui consomment ou qui investissent dans leur logement ;

- des entreprises, qui renouvellent et accroissent leur stock de capital matériel (machines, bâtiments...) ou immatériel (logiciels par exemple) ;

- des étrangers (on parle alors d'« exportations ») ;

- de l'État, qui peut lui aussi investir, en rénovant et en agrandissant les campus universitaires par exemple.

La récession survient lorsque la demande fléchit et amène les entreprises à produire moins.

Le spectre du chômage

La récession a des conséquences très concrètes pour les citoyens. D'une part, le chômage augmente : de plus en plus de personnes voulant travailler ne trouvent pas d'emploi. En effet, les entreprises dont l'activité est moindre vont dans un premier temps stopper leurs embauches (on ne recrute pas sans un carnet de commande bien rempli devant soi). Si les problèmes perdurent, les sociétés mettent fin aux contrats d'intérim arrivés à terme, et ne transforment pas les contrats à durée déterminée en contrats à durée indéterminée. Enfin, si la récession s'installe, les entreprises en difficulté licencient pour ajuster leur main-d'œuvre à une demande en recul. Les jeunes, considérés par beaucoup de sociétés comme peu productifs car sans expérience, sont les premiers à faire les frais de ces périodes.

La France connaît cette situation depuis le deuxième trimestre 2008. Le problème est que la baisse de la demande diminue l'activité et donc l'emploi, ce qui entraîne à nouveau une réduction de la demande ! Nous risquons ainsi d'entrer dans un cercle vicieux. Il faut ajouter que la diminution de la croissance implique une baisse des profits des entreprises, et donc des négociations salariales plus ardues pour les employés. Là encore, cela participe au ralentissement de la demande.

Je voudrais rappeler au passage que, lors d'une récession, les entreprises ne licencient pas par plaisir, mais par nécessité. Le licenciement constitue une expérience traumatisante pour le salarié, c'est indiscutable. Aussi le gouvernement doit-il agir, par exemple en diminuant les charges qui pèsent sur les salaires. En effet, s'il est une politique de l'emploi qui a montré ses bienfaits depuis vingt ans, c'est bien celle qui consiste à diminuer le coût du travail pour les entreprises, non pas en baissant les salaires mais en diminuant les cotisations sociales.

Mais s'il est un véritable choc pour le salarié, le licenciement représente aussi un aveu d'échec pour le chef d'entreprise :

- ce dernier a « trop » embauché, sans être parvenu à anticiper la récession ;

- il a souvent formé le salarié avant de devoir le laisser partir ;

- son entreprise peut voir sa réputation entachée par le licenciement, notamment auprès de ses clients.

Or les vrais entrepreneurs supportent mal l'échec… Ainsi, dans une société correctement gérée et conduite de façon « socialement responsable », le licenciement n'intervient qu'en dernier recours. La poignée de ceux qui s'adonnent à des licenciements dits « préventifs » n'agit pas seulement de façon socialement scandaleuse. Elle détruit son capital humain, et, en se privant d'une main-d'œuvre formée et productive, se condamne à des performances médiocres à terme.

Nous l'avons vu, la baisse des crédits aux ménages touche de plein fouet le secteur du logement, du promoteur au syndic, en passant par l'agent immobilier, le loueur de grues ou le vendeur de chariots élévateurs. Or ce secteur est celui qui, par excellence, dépend du crédit. Nous pouvons donc, sans trop forcer le trait, affirmer que le visage de l'économie française va, de ce point de vue, se modifier ces prochaines années. En effet, notre croissance, et nous sommes loin d'être les seuls − c'est encore plus vrai en Espagne ou au Danemark −, a largement profité du boom de la construction dernièrement. Faites le compte des domaines qui dépendent de l'immobilier : meubles, électroménager, jardinage, déménagements, notariat... Si l'immobilier plonge, il entraîne avec lui énormément d'emplois. Ainsi, entre 2000 et 2007, sur 830 000 emplois créés par les entreprises du secteur privé en France, 245 000 l'ont été dans la construction et 31 000 dans l'immobilier. Cet apport au recul du taux de chômage que l'on a pu observer depuis mi-2005 ne jouera plus avant la fin de la décennie.

Pouvoir d'achat en berne et « achats malins »

La diminution des prêts entraîne aussi celle de la consommation pour des acquisitions parfois difficiles à payer au comptant : les achats de véhicules bien entendu, mais aussi ceux de biens concernant l'équipement et l'amélioration de l'habitat (meubles, électroménager, électronique de loisir, travaux de rénovation ou de décoration...). Cette baisse de la consommation tire la croissance vers le bas.

Cette analyse est particulièrement vraie en France, où la part de la consommation des ménages dans le PIB est élevée (proche de 60 %). En conséquence, la part de la croissance économique expliquée par la progression de la consommation est aussi très importante.

Ce phénomène s'est en outre accentué récemment. Depuis l'an 2000, la consommation a généré en moyenne 77 % de la croissance économique de la France (contre, par exemple 25 % pour l'investissement). Nous pouvons ainsi dire que cette dernière ne peut se passer d'une consommation des ménages vigoureuse. Aussi les difficultés récentes du marché français du crédit à la consommation ne me laissent-elles pas indifférent : elles ont un impact défavorable sur notre croissance.

La diminution des offres de crédit n'est pas la seule entrave à la bonne marche de la consommation. La récession réduit la taille du gâteau que se partagent entreprises (en profits) et employés (en salaires). Les ménages ont beaucoup consommé ces dernières années, même lorsque leur moral n'était pas bon. Il faut dire que contrairement à ce que l'on entend souvent, leur pouvoir d'achat, pour la plupart d'entre eux, n'avait pas commencé à baisser !

Les vraies difficultés en termes de pouvoir d'achat sont apparues au début de l'année 2008, quand l'inflation s'est mise à progresser plus vite que les salaires. En effet, l'envol des cours du pétrole et des matières premières agricoles s'est traduit par une augmentation des prix de l'essence, de nos factures énergétiques, et des rayons alimentation des magasins. Or le ralentissement de la croissance mondiale entraîne désormais une baisse des cours de ces mêmes matières premières selon la loi de l'offre et de la demande (les industriels consomment moins de matières premières lorsque la croissance est moindre, ce qui fait décroître leur prix). Cette diminution va nous profiter à nous, consommateurs en bout de chaîne. Malheureusement, la récession va aussi tirer les salaires vers le bas. En dépit de la baisse de l'inflation, les frustrations des ménages quant à leur pouvoir d'achat ne disparaîtront donc pas demain... Dans ces conditions, il est à craindre que la consommation ne retrouve pas tout de suite son lustre passé.

Il existe néanmoins des façons de consommer avec un budget réduit, les « achats malin ». Ces comportements, déjà bien ancrés, vont continuer à se développer dans les mois qui viennent.

Ainsi, vous pouvez préférer acquérir des produits d'occasion plutôt que des produits neufs, ce type d'achats étant devenu très facile à effectuer dans de nombreux domaines grâce, par exemple, aux sites Ebay ou Priceminister. Afin de faire des économies sur les vacances, vous pouvez aussi partir en voyage en choisissant une destination à la dernière minute. Vous pouvez également faire vos courses chez des *hard-discounters*, ces chaînes de distribution dans lesquelles on trouve des gammes de produits réduites à leur plus simple expression, dans des magasins austères et presque sans personnel. Enfin, vous pouvez acheter des produits alimentaires moins chers, par exemple des marques de distributeurs, ou décider de manger un peu moins de viande et un peu plus de légumes...

L'achat malin ne concerne pas seulement les foyers les plus modestes. Les classes moyennes, font face à des sollicitations commerciales pressantes (en particulier dans le domaine d'internet, de la téléphonie mobile, de l'électronique de loisir…). Elles vont donc satisfaire ces envies en les finançant grâce aux économies réalisées sur les achats de biens de nécessité (alimentation, produits d'entretien de la maison, produits d'hygiène…) à prix cassés. Ainsi, il n'est pas certain que la crise entraîne une descente en gamme globale des achats des consommateurs français. Elle se traduira plutôt par une sorte de polarisation vers des produits présentant un excellent rapport qualité/prix. Il peut s'agir aussi bien de produits entrée de gamme peu chers que de produits de luxe qui permettent de se faire réellement plaisir avec un achat d'exception de temps à autre. En revanche, les produits moyenne gamme, qui n'ont pour eux ni la faiblesse de prix, ni une qualité haute couture, devraient voir leur part de marché fondre. En période de crise, la consommation épouse une forme de sablier.

Scène 2

La politique économique
entre en scène

Récession, hausse du chômage, stagnation du pouvoir d'achat... les enchaînements économiques sont désormais clairs, mais comment en sortir ? Est-il possible de « relancer » l'économie ? Est-ce utile ? À cette dernière question, je réponds clairement : « Oui ! » Tout d'abord, parce qu'un gouvernement ne peut rester les bras croisés face à une crise qui touche plus injustement que jamais les plus faibles. Ensuite, parce que l'histoire nous enseigne qu'un krach financier est susceptible de dégénérer en une spirale récessioniste extrêmement difficile à maîtriser, que les économistes appellent *debt deflation*.

L'idée est la suivante : la baisse de l'accès au crédit diminue la demande (des entreprises qui investissent moins et des ménages qui dépensent moins) et fait reculer les prix. Cette « déflation » (soit le contraire de l'inflation) conduit les ménages et les entreprises à épargner, et non à consommer. En effet, durant ce type de période, les comportements de consommation se figent, car il est toujours préférable de remettre ses dépenses à plus tard, au moment où les prix seront encore plus faibles qu'aujourd'hui. La demande de nouveaux crédits diminue donc encore, et les prix reculent de nouveau. En outre, les bénéfices des entreprises s'amoindrissent, car les prix de vente baissent toujours plus vite que les coûts de production : l'investissement et l'emploi sont sacrifiés faute de moyens suffisants. Le Japon a connu cette situation il y a un peu moins de vingt ans. Dans les années quatre-vingt-dix, l'économie nippone s'est littéralement glacée. Les gouvernements d'alors ont tardé à agir pour soutenir l'économie, et les Japonais ne s'en sont pas encore tout à fait remis. L'expérience montre donc qu'il est très difficile de sortir de la déflation. Puisque nous n'en sommes pas encore là, il est encore temps de stimuler notre économie.

Plan de relance et réformes ne sont pas incompatibles

En théorie, il existe deux manières de relancer l'économie.

La première consiste à utiliser la politique monétaire. Autrement dit, la Banque centrale européenne doit baisser ses taux d'intérêt. Elle agira certainement ainsi en 2008 et en 2009, sans pour autant faire de miracle. En effet, tant que les banques auront tendance à restreindre l'offre de crédit, le niveau des taux d'intérêt de la Banque centrale aura peu d'impact sur les comportements d'endettement, et donc de dépense, des ménages ou des entreprises.

La deuxième façon de soutenir l'économie est d'utiliser le budget de l'État, c'est-à-dire de baisser les impôts, ou d'augmenter certaines dépenses, comme les minima sociaux. C'est ce que l'on appelle communément un « plan de relance ».

Quand on lui pose la question d'un plan de relance – je préfère pour ma part employer l'expression « plan de soutien à l'activité » qui me semble plus claire –, le Premier ministre déclare préférer poursuivre sa route sur le chemin des réformes. Je pense qu'il a raison. Le gouvernement a, depuis un an, pris des mesures qui, incontestablement, consolident le potentiel de croissance de l'économie française. La Loi de modernisation de l'économie (LME) lève de nombreux freins à l'activité, renforce la concurrence et oblige ainsi les entreprises à innover si elles souhaitent sauvegarder leurs profits. La Loi sur l'autonomie des universités apporte un début de réponse au manque d'articulation entre la recherche fondamentale du secteur public et la recherche appliquée du secteur privé, manque de coordination qui a tant pesé par le passé sur l'économie française. Enfin, le RSA (revenu de solidarité active), qui permet aux personnes reprenant un emploi d'obtenir une rémunération supérieure à ce qu'elles touchaient lorsqu'elles ne travaillaient pas (après avantages sociaux et fiscaux), tend à diminuer le chômage.

Depuis plusieurs mois, l'opposition accuse le gouvernement de vouloir faire l'inverse d'un plan de relance, et de mettre au point sans le dire ouvertement un « plan de rigueur » se traduisant par un recul de la dépense publique et une hausse des impôts. En période de difficultés économiques, un tel plan aurait pour objectif de réduire le déficit des finances de l'État. L'exécutif français semble avoir fort heureusement écarté cette option pour l'instant. Nous savons ce que provoquent les hausses d'impôts en période de ralentissement économique : un assèchement des recettes fiscales. En effet, l'alourdissement de la pression fiscale pèse sur l'activité, ce qui tarit *in fine* les recettes publiques. Alain Juppé en avait fait l'amère expérience en 1995, et l'exécutif actuel a compris la leçon. Les augmentations d'impôts ne sont réellement possibles qu'en période de croissance soutenue.

Là où François Fillon a tort en revanche selon moi, c'est quand il suggère qu'un plan de relance serait « artificiel », et non compatible avec les réformes en cours. En réalité, il existe une vraie complémentarité entre des réformes censées redonner de la compétitivité aux entreprises (comme le fait la Loi LME), et une relance dite « keynésienne » par la demande, qui vise par exemple à inciter les ménages à consommer davantage[1].

Nous pourrions dire que la réforme agit comme une opération chirurgicale. En période de récession, la croissance ne joue pas son rôle d'anesthésiant, l'opération se fait donc à vif ! La relance joue alors un rôle d'anti-douleur, voire d'anti-inflammatoire.

Une politique de soutien à l'activité ne peut néanmoins qu'être d'ampleur limitée, dans la mesure où l'État français dispose d'assez peu de moyens. En effet, à force de mal contrôler ses dépenses, l'État (qui englobe la Sécurité sociale) a accumulé les déficits depuis les années quatre-vingt. Or, des années de déficits finissent par déboucher sur une dette conséquente. Certes il peut être légitime de s'endetter à certains moments, ce qui est vrai pour les entreprises ou les particuliers l'est aussi pour l'État.

---

1. Une relance keynésienne a pour but d'accroître la demande qui s'adresse aux entreprises, en diminuant la fiscalité ou en augmentant la dépense publique.

Cependant, cet endettement doit rester sous contrôle et financer en priorité des investissements, c'est-à-dire des dépenses qui préparent l'avenir. Or ce n'est pas ce qu'ont fait les gouvernements successifs, de droite comme de gauche, et nous en payons aujourd'hui le prix. Ainsi, à la différence du gouvernement américain, qui sait si bien alléger la fiscalité quand la demande des ménages commence à fléchir (l'administration Bush a rétrocédé aux Américains des chèques pouvant dépasser 1 000 $ au premier semestre 2008), le gouvernement français est condamné à prendre des mesures les plus « neutres » possible pour les finances publiques. Il faut le faire et c'est, dans une large mesure, possible.

Quelques pistes...

Ainsi, la relance doit avoir lieu, mais par le biais de canaux « indolores » pour les finances de l'État. J'ai déjà évoqué la déduction fiscale des intérêts d'emprunt au titre du crédit à la consommation. Il existe une autre piste : puisque l'on ne peut plus mobiliser l'argent public, mobilisons l'argent privé, en particulier celui des ménages. Les citoyens français – en tout cas ceux qui en ont les moyens – épargnent beaucoup, près de 16 % de leur revenu disponible (il s'agit d'un des taux les plus élevés dans les pays développés). L'épargne contribue à la croissance, à partir du moment où elle vient financer des investissements. Dans une situation de resserrement du crédit, il est donc important de « brancher » l'épargne sur le moteur de l'économie. C'est ce qu'a déjà fait le gouvernement, dans le cadre du pourtant très critiqué « paquet fiscal », instauré peu de temps après l'élection de Nicolas Sarkozy à la présidence de la République. Les particuliers peuvent en effet désormais déduire jusqu'à 50 000 € de l'impôt sur la fortune s'ils les investissent dans une PME. Ce sont plusieurs centaines de millions d'euros qui sont ainsi injectés au cœur de l'économie productive. Voilà l'exemple même d'une mesure intelligente ! Par ailleurs, le gouvernement a décidé d'utiliser une partie de l'épargne déposée sur les livrets de développement durable (les ex-Codevi) et sur les livrets d'épargne populaire (LEP) pour le financement des PME. L'idée consiste à empêcher l'argent de « dormir » et à le diriger vers ceux qui créent des richesses, à savoir les entreprises en croissance.

Enfin, certaines incitations fiscales doivent être mises en œuvre pour redonner de l'oxygène aux entreprises et leur permettre d'investir, même dans une situation économique pour le moins incertaine. Dans un monde où la concurrence entre entreprises fait rage, le secteur privé doit continuer de gagner en compétitivité, même − et surtout − lorsque la croissance fléchit. Les besoins d'investissement existent, car les entreprises doivent toujours renouveler leur capital, investir dans de nouveaux logiciels, des machines plus efficaces, moins énergivores… Une baisse de l'impôt sur les bénéfices des sociétés (lui aussi, relativement élevé en France) serait dans ce contexte opportune. Elle pourrait être financée par la cession des parts que l'État détient dans certaines entreprises. Rappelons que l'État français possède encore 84,85 % du capital d'EDF, 68,4 % d'Aéroports de Paris, 15,65 % du capital d'Air France KLM ou 15 % de celui de Renault. Je pense que toutes ces participations sont loin d'être indispensables au dynamisme économique de la France ou à l'indépendance de ces entreprises dans les secteurs dits « sensibles » comme la défense ou l'énergie. L'État détient au total plus de 120 milliards d'euros dans les entreprises. Sans tout privatiser, il y a sans doute quelques milliards à récupérer...

Scène 3

Le contribuable face à la valse des milliards d'euros

Les Français ont été choqués d'apprendre que leur gouvernement était prêt à engager 360 milliards d'euros afin de sauver le système bancaire français, alors qu'il avait annoncé en septembre 2008 la création d'une taxe pour financer le RSA[1] de Martin Hirsh, dont le coût tourne autour de 1 milliard d'euros. Allons-nous, nous contribuables, financer ces plans ? Un « plan de rigueur » nous attend-il ? Allons-nous entrer dans une ère d'impôts encore plus élevés qu'aujourd'hui ? Saurons-nous, au contraire, suivre le conseil d'Alphonse Allais lorsqu'il suggérait : « Il faut demander plus à l'impôt et moins au contribuable » ?

Le sauvetage du système financier a un coût

Ces interrogations sont tout à fait justifiées : il est compréhensible que les contribuables, surtout dans un pays comme la France où le poids de la fiscalité est déjà très

---

1. Revenu de solidarité active.

lourd, rechignent à participer au sauvetage des établissements financiers.

Il est sûr que les mesures prises pour endiguer la crise bancaire ont un coût très élevé, mais les montants réellement déboursés par l'État sont toutefois beaucoup plus faibles – heureusement – que les centaines de milliards annoncés. En effet, dans cette somme gigantesque figurent des garanties que l'État offre aux banques. Ainsi, la société française de refinancement de l'économie (SFRE) a été créée. Dirigée par Michel Camdessus, cette structure va, avec la garantie de l'État, emprunter de l'argent pour le reprêter aux banques. L'idée est lumineuse et efficace : si les banques ne peuvent pas lever de fonds, l'État le fera à leur place. La garantie de l'État est plafonnée à 320 milliards d'euros. Toutefois, il y a peu de risques qu'elle soit exercée en totalité : il faudrait pour cela que toutes les banques ayant emprunté à la SFRE se retrouvent dans l'impossibilité de rembourser ! Nous pouvons même imaginer, les prêts consentis par la SFRE étant octroyés sur la base d'un taux d'intérêt assez élevé, que l'État ressorte gagnant de cette opération.

Cela étant dit, il est faux de prétendre, comme le suggère le gouvernement, que la résolution de cette crise sera gratuite. Dans toute l'Europe, le sauvetage des banques, par nationalisation ou par garantie étatique, a déjà un coût. Le gouvernement belge a déboursé 4,7 milliards d'euros pour renflouer Fortis, et le Luxembourg 2,5 milliards d'euros. L'État français a quant à lui déjà dû payer 1 milliard d'euro pour Dexia. Or, lorsque ses dépenses augmentent, l'État ne les compense pas par une recette équivalente, ou en tout cas, pas dans l'immédiat. Les impôts augmenteront peut-être, mais plus tard. Ainsi, c'est la dette publique, c'est-à-dire la dette de l'État, qui augmente.

Or il ne faut pas oublier qu'une situation de ralentissement économique – ou a fortiori de crise – entraîne une dégradation mécanique des finances publiques. En effet, les recettes fiscales sont moins dynamiques : la baisse de la consommation implique celle des recettes de TVA pour l'État, la diminution des bénéfices des entreprises entraîne celle de l'impôt sur les sociétés... Pendant ce temps, la dépense publique augmente (pour indemniser les nouveaux chômeurs par exemple), et avec elle la dette publique. Le krach financier aura donc bien un coût, certainement élevé, pour les finances publiques, même si l'on est loin des 360 milliards d'euros qui ont tant fait parler d'eux.

Le déficit public de la France, c'est-à-dire la différence entre les recettes de l'État et ses dépenses, va ainsi s'accroître, passant rapidement au-dessus de la barre des 3 % du PIB, ce qui est théoriquement interdit en vertu de nos engagements européens (nous ne serons pas le seul pays touché). Sans en être fiers, nous ne devons pas non plus nous voiler la face : la France ne tiendra pas les objectifs qu'elle a pris devant ses partenaires européens, en particulier celui de faire revenir les comptes de l'État à l'équilibre en 2012. À l'impossible, nul n'est tenu !

Ceux qui rétorquent que l'État français est géré avec laxisme par tous les gouvernements, de droite comme de gauche, depuis le début des années quatre-vingt ont raison. Je souscris moi-même totalement à cette évaluation sévère. Si ces mêmes gouvernements avaient tenu les finances publiques avec plus de sérieux, nous aurions pu mettre en place un plan de soutien à l'activité sans trahir nos engagements européens… Mais ces réflexions ne nous donnent pas la clé du problème. Nous n'allons tout de même pas mettre en place un plan de rigueur, ce qui aurait pour seule conséquence d'accroître l'intensité de la récession et de la prolonger, uniquement parce que les gouvernements précédents ont fait des erreurs ! Devant une situation difficile, le pragmatisme doit l'emporter.

L'augmentation de la dette publique

Tout d'abord, l'endettement de l'État peut être légitime à deux conditions :

- d'une part, qu'il finance des dépenses utiles au plus grand nombre, et non pas à tel ou tel groupe de pression ;

- d'autre part, qu'il ne soit pas excessif.

Les milliards d'euros mis sur la table pour aider les banques profitent au plus grand nombre. Nous l'avons vu, en aidant le système bancaire, nous éloignons le risque de voir se produire des faillites de banques en chaîne, avec les conséquences dramatiques que cela aurait pour notre épargne et, *in fine*, pour l'économie tout entière. Ces sommes sont donc justifiées et nous pouvons même savoir gré au président de la République d'avoir pris des mesures à la hauteur de la gravité de la crise. En revanche, il est à craindre que les dépenses engagées alourdissent une dette publique déjà élevée. La dette publique représente en France un peu plus de 64 % du PIB. Ce niveau n'est certes pas encore dramatique, mais il reste supérieur à celui de l'Union européenne prise dans sa totalité (59 %). Notre dette publique dépasse donc de beaucoup celle de pays vertueux en la matière, comme le Royaume-Uni, l'Espagne, le Danemark ou la Suède.

Je le répète : ces dépenses étaient absolument nécessaires. Il est donc normal qu'elles aient été effectuées, même en prenant certaines libertés par rapport à nos engagements (vu le contexte, cet écart ne devrait pas entraîner de tensions majeures avec nos partenaires européens). À situation exceptionnelle, remède exceptionnel ! Le revers de la médaille est qu'il nous faudra absolument redevenir vertueux en matière d'endettement une fois la crise passée et la croissance revenue. La diminution de l'endettement de l'État faisait partie des priorités de la politique économique avant la crise (du moins officiellement). Elle devra l'être encore davantage après. En effet, une dette publique excessive est néfaste à long terme. L'État endetté doit, plusieurs fois par an, rembourser ses créanciers, ce qu'il fait avec de l'argent emprunté quelques jours plus tôt. Ainsi, la nouvelle dette rembourse l'ancienne. Par définition, ce mécanisme ne fonctionne que si l'État trouve de nouveaux emprunteurs ne demandant pas un taux d'intérêt exorbitant. Jusqu'à maintenant, cela a toujours été le cas, mais l'avenir n'est pas écrit. Si l'État français, une fois la crise derrière lui, continue sa fuite dans l'endettement sans prendre de mesure d'assainissement des finances publiques, viendra le jour où convaincre les créanciers sera plus difficile, et donc plus coûteux.

Le financement de la dépense publique par l'endettement présente un autre inconvénient : il détourne des ressources qui pourraient être utilisées de façon plus profitable par les entreprises ou les ménages. Nous avons vu que tous les grands gouvernements des pays riches avaient déboursé des milliards d'euros pour aider leur système financier. Tous ces États se présentent donc sur les marchés financiers pour emprunter de l'argent. La concurrence va par conséquent être rude ces prochaines années pour trouver des créanciers disposés à prêter sur des durées plus ou moins longues. Les États emprunteurs n'auront alors pas d'autre choix que de relever le niveau des taux d'intérêt qu'ils proposent à leurs créanciers. Nous voilà une nouvelle fois devant une application de la loi de l'offre et de la demande : il y aura énormément d'emprunteurs et peu de prêteurs, donc le prix de l'argent augmentera, ce qui se répercutera *in fine* sur nos propres conditions d'emprunts.

L'État en cure d'amaigrissement

Il existe donc des limites à l'endettement de l'État, qui doit à un moment soit augmenter ses recettes (les impôts), soit dépenser moins. Je ne pense pas que la hausse des impôts constitue, dans notre pays, la bonne solution. La pression fiscale y est en effet très élevée. En 2006, l'ensemble des prélèvements fiscaux et sociaux représentait pour la France 44 % du PIB, alors que la moyenne de l'Union européenne s'établissait à moins de 40 % (39 % en Allemagne, 36 % en Espagne, 37 % au Royaume-Uni). Les prélèvements obligatoires sur le travail et sur le capital sont particulièrement lourds en France. Il semble donc peu judicieux de les augmenter : ce serait politiquement difficile, mais également contre-productif sur le plan économique. En imaginant le pire, un accroissement de la fiscalité pourrait se traduire par un freinage de la consommation ou de l'investissement, par une fuite des capitaux hors du pays et, *in fine*, par une baisse des recettes fiscales ! Les Américains de Louisiane ont, pour illustrer ce point, une métaphore animalière très juste : « Quand nous tirons sur un canard, nous nous attendons à ce qu'il bouge. »

Le plus vraisemblable est donc que l'État français procède, dès la fin de la crise, à une cure d'amaigrissement encore jamais entreprise : il devra dépenser moins. Pour cela, il lui faudra bien entendu se réorganiser, se réformer, mais aussi mieux évaluer ses dépenses, afin de supprimer celles – il doit y en avoir – qui ne sont pas indispensables. Dans un monde où le niveau de formation a une importance primordiale, il semble difficile par exemple de dépenser moins en matière d'éducation et de recherche. Il est sûrement possible d'améliorer la « productivité » des frais à engager, mais les réduire paraît illusoire. De même, le vieillissement de la population entraîne une pression considérable sur les dépenses en matière de retraite.

Par ailleurs, un certain nombre de réformes, qui n'ont encore jamais été engagées, ou juste esquissées, devront être réalisées de façon drastique. Baisse du nombre de fonctionnaires, privatisations d'entreprises partielles ou totales, réforme de l'assurance-maladie : il faut se préparer à aller beaucoup plus loin que nous ne l'avions envisagé. Pour un pays qui a souvent du mal à se réformer, ce sera certainement difficile, d'autant que le discours ambiant sur « le grand retour de l'État protecteur » ne nous prépare pas à ces changements.

Épilogue

Nous venons de le voir, le monde financier a connu ces dernières années un flot important d'innovations. Certaines ont joué un rôle de propagation et même d'amplification de la crise. Malgré cela, il ne faut pas oublier que la finance est l'un des rouages les plus essentiels d'une économie de marché. Les banques, nous l'avons évoqué, constituent le cœur de cette économie, faisant circuler l'argent de ceux qui en ont vers ceux qui en ont besoin, qu'il s'agisse des ménages, des entreprises ou des États.

Les financiers et les spéculateurs ne sont pas des diables...

Les marchés financiers ont aussi leur utilité. Ils permettent aux entreprises (surtout les grandes) de trouver de l'argent pour financer leur développement. En cela, ils stimulent la croissance économique s'ils fonctionnent bien. On ne rappellera jamais assez que la croissance passe par les entreprises : seules les sociétés en bonne santé, qui réalisent des profits importants, peuvent lever des capitaux pour investir, embaucher et distribuer de bons salaires. Les diatribes contre les entreprises et les marchés financiers en général sont par conséquent stériles. Pire, elles sont nuisibles, car à vouloir étouffer les marchés financiers par une réglementation excessive, c'est en réalité la croissance économique et, *in fine*, le pouvoir d'achat que l'on étouffe.

Poussons la réflexion encore un peu plus loin. Nous avons évoqué les produits complexes, nombre d'entre eux servent à spéculer. Ce dernier terme a acquis dernièrement une connotation extrêmement péjorative, notamment dans les discours de Nicolas Sarkozy. Pourtant, les spéculateurs sont utiles. Qu'est-ce que la spéculation ? C'est la volonté d'acquérir un bien ou un titre financier dans l'espoir de le revendre plus tard en engrangeant une plus-value.

Bien sûr, nous sommes assez loin des marchés de produits complexes, mais il est important de rappeler que la spéculation est un phénomène finalement naturel. Nous spéculons tous, à un moment ou à un autre de notre vie. Surtout, et pour en revenir à nos marchés financiers, la spéculation constitue l'opération inverse d'une opération d'assurance. Autrement dit, pour que quelqu'un puisse s'assurer (« se couvrir »), il doit y avoir en contrepartie quelqu'un qui souhaite spéculer. Prenons le cas d'un produit financier appelé « option ». L'investisseur qui achète une option achète en réalité le droit d'acquérir ou de vendre un titre financier à un prix et jusqu'à une échéance déterminés (d'où le nom « option »). Il s'agit donc d'éviter un risque : en fonction de la situation du marché, l'investisseur décidera s'il exerce ou non son option. Imaginons un industriel de l'agroalimentaire qui pourrait faire face à une commande massive de pain d'ici deux mois. Cet industriel peut prendre une option d'achat sur du blé : si la commande est effective, il achète ; sinon, il n'exerce pas son option.

Dans cette opération, le risque ne disparaît pas, il est transféré à un opérateur spécialisé dans la gestion du risque. Ce dernier est un spéculateur ou une personne qui, compte tenu de ses propres anticipations, souhaite se couvrir dans l'autre sens. Ainsi, l'opérateur qui se couvre et celui qui

gère le risque ne sont que les deux faces d'une même opération d'assurance, le spéculateur n'étant rien d'autre
qu'un assureur. Sans spéculateur, personne ne pourrait se
protéger, de la même façon que sans assureur, il ne peut y
avoir d'assuré.

Tout n'est pas donc mauvais dans le monde ultracomplexe
de la finance. De bons produits existent, d'autres ont un
rapport qualité/prix médiocre. Certains produits sont trop
complexes pour être utilisés en maîtrisant les risques qui
leur sont liés. C'est le rôle de la crise que nous connaissons
que de séparer dans ce domaine le bon grain de l'ivraie.

Vers une amélioration de la réglementation

Bien entendu, certains points de la réglementation doivent sans doute être revus, voire durcis. Les banques américaines, faiblement capitalisées (elles disposent de peu de
ressources stables), ont pu octroyer d'importants crédits à
des populations parfois incapables de comprendre les
tenants et les aboutissants des risques qu'elles prenaient.
Sur ce point, il faut durcir la réglementation. Les *hedge
funds* ne sont pas assujettis à des normes de fonds propres
comme le sont les banques par exemple. Là aussi, il y a
matière à réflexion. Les marchés de gré à gré sont opa-
ques, et accueillent certainement des intervenants qui
n'ont ni la capacité, ni les moyens financiers de maîtriser
les risques qu'ils prennent. Cela aussi doit changer.

En étudiant attentivement la question, on se rend compte
que la crise ne provient pas uniquement des excès du capitalisme. Elle est née d'une réglementation globalement
assez mal conçue aux États-Unis, à laquelle se sont mêlés
interventions étatiques grossières (la place démesurée prise

par Fannie Mae et Freddie Mac), trous dans la réglementation (la capacité d'une partie des établissements de crédit à octroyer des prêts NINJA) et politique inadaptée de la FED. Le secteur financier privé porte également sa part de responsabilité, dans la mesure où il a accepté l'idée – fausse – selon laquelle la multiplication et la sophistication des instruments financiers complexes pouvaient répartir de façon optimale le risque.

Ainsi, tous les débats aux termes vagues sur la « nécessaire reconstruction du capitalisme », sur la finance qui doit « redevenir au service de l'économie », sur la « moralisation du secteur financier », sur « la fin du libéralisme » sont bien creux et passent surtout à côté de l'essentiel. Nous n'avons besoin ni de plus de socialisme, ni de plus de libéralisme, mais simplement d'une meilleure réglementation. Il ne faut pas trop réglementer, car trop de règles édictées par les États inhibent l'innovation. Or dans la finance comme ailleurs, l'innovation constitue le seul moteur du progrès économique à long terme. En revanche, une certaine réglementation est tout de même nécessaire, dans la mesure où le monde financier n'hésite pas à verser dans une euphorie excessive, surtout lorsque la politique monétaire est trop généreuse, comme cela a été le cas aux États-Unis dans la première partie des années deux mille. Il est enfin indispensable que les institutions chargées de surveiller la bonne application de la réglementation (les « autorités de surveillance ») fassent correctement leur travail. Les banques d'investissement américaines, en principe surveillées par la SEC, ont pu risquer plusieurs dizaines de fois leurs fonds propres ! En sortant certaines activités risquées de leur bilan, les banques ont pu contourner une partie de la réglementation, les autorités ayant là aussi fermé les yeux…

Les gouvernements ont les moyens d'agir

Je l'ai déjà évoqué, on a beaucoup reproché aux experts d'être exagérément pessimistes ces temps-ci. Pourtant, là n'est pas le débat. La question de l'optimisme ou du pessimisme relève de la psychologie, pas de l'analyse. Or nous avons besoin d'un diagnostic précis. Il faut prendre la mesure de la gravité de la crise pour agir correctement et ne pas voir se réitérer, par exemple, le drame des années trente qui, outre ses conséquences économiques et sociales inadmissibles, a conduit à la guerre. Le futur est, pour une large part, ce que nous en ferons.

Les gouvernements ont les moyens d'agir, non pour « relancer » l'activité, mais pour la soutenir. Le but est que la crise soit la plus courte possible, et qu'elle soit suivie d'une période de croissance forte, durable, qui profitera au plus grand nombre. Certes, la voie est étroite, mais c'est le rôle de la politique économique qui doit permettre :

- de protéger le système financier, tout en laissant le marché faire le tri entre les bonnes et les mauvaises innovations ;

- de dynamiser la croissance en limitant la dégradation des finances publiques ;

- d'empêcher une hausse trop importante du taux de chômage, sans retomber dans des politiques coûteuses et inefficaces à long terme qui consisteraient par exemple à multiplier les emplois subventionnés ou les emplois publics.

Par ailleurs, il est impératif d'éviter que des politiques néfastes ne viennent aggraver les difficultés, transformant une crise en dépression durable. À cet égard, on ne peut que s'inquiéter du retour de la thématique protectionniste chez certains hommes politiques, en France comme à l'étranger. Le protectionnisme consiste à élever les droits de douane sur les importations, afin de protéger les industriels locaux de la concurrence internationale. Il peut aussi consister à limiter les prises de participation d'entreprises étrangères dans les entreprises nationales.

Ce type de politique relève d'un réflexe naturel en période de crise, car la peur de l'autre l'emporte alors sur l'analyse rationnelle. Pourtant, c'est bien la montée du protectionnisme qui a contribué à faire de la crise des années trente un drame économique, social et politique qui a duré quinze ans. La crise actuelle, née des dysfonctionnements de la réglementation financière, a peu à voir avec la mondialisation du commerce. Aussi ne pouvonsnous être qu'attristés en entendant par exemple Barak Obama désigner à plusieurs reprises, pendant sa campagne électorale outre-Atlantique, le libre-échange comme responsable des difficultés de certaines catégories de la population américaine. Sur ce point, les discours de Nicolas Sarkozy sont souvent contradictoires. Est-ce bien le même président qui, le 18 octobre 2008, affirme « La réponse à la crise, ce n'est pas le repli frileux. Ce n'est pas le protectionnisme » et qui, cinq jours plus tard, s'emporte : « Je ne serai pas un président qui se réveillera avec de grands groupes industriels français passés à l'étranger ! » ?

Le repli sur soi serait d'autant moins opportun, que l'économie française dispose de nombreux atouts, malheureusement mal valorisés par le passé. Les Français créent beaucoup d'entreprises. La France dispose d'un grand nombre de grandes sociétés leaders dans certains secteurs (le luxe, l'informatique, les travaux publics…). Nous profitons par ailleurs d'une situation géographique exceptionnelle grâce, notamment, à la longueur de notre littoral. Enfin, nos infrastructures de transport (ferroviaire, aérien, autoroutier) sont d'une qualité que le monde nous envie. L'économie française dispose donc d'une capacité de rebond importante, à condition que soient approfondies les réformes mises en œuvre ces dernières années. Ces réformes visent à redonner de la compétitivité aux entreprises, à accroître la flexibilité du marché du travail tout en formant mieux les salariés, et à rationaliser les dépenses de l'État.

Tenons-nous prêts à rebondir !

Pour certaines entreprises, les périodes de crise peuvent en outre receler des opportunités.

Tout d'abord, il existe des secteurs qui profitent d'une situation économique dégradée. Nous avons déjà évoqué le cas du *hard discount* ou du luxe, mais les *fast food* bénéficient par exemple des déboires de la restauration traditionnelle dans un environnement où les ménages surveillent plus que jamais les prix. Quant aux spécialistes de la communication financière, le contexte leur est plus que favorable !

De façon plus générale, la crise vient rappeler aux entreprises qu'elles doivent proposer des produits et des services qui correspondent à un véritable besoin, celui de leurs clients. Autant en période de forte croissance, les entreprises peuvent se laisser porter par la conjoncture et se laisser aller à des comportements plus distants avec leur clientèle, autant en période de récession, le client revient au centre de leurs préoccupations. Par conséquent, la hausse du chômage ne frappera pas tout le monde. Dans les temps qui viennent, il ne serait pas étonnant de voir les entreprises recruter davantage de commerciaux.

Enfin, il ne faut pas non plus oublier que l'économie mondiale a, ces dernières années, beaucoup changé. Des centaines de millions de Chinois, d'Indiens, de Roumains, de Turcs… sont entrées dans l'économie de marché et participent à la croissance mondiale. Or leurs pays ne sont pas immunisés contre la crise financière. Ils la subiront, de manière importante pour certains. Malgré tout, la plupart voient éclore une classe moyenne avide de consommer. C'est plus qu'un facteur d'espoir pour les années à venir.

Les grandes entreprises ont profité de ce mouvement de mondialisation pour se réorganiser, délocalisant les activités de fabrication à l'étranger et développant les activités de recherche et développement, de conception et de distribution dans les pays les plus riches. Ces changements ne se sont pas faits sans difficultés, notamment en France où l'économie a souffert, par le passé, d'une difficulté à s'adapter à son environnement. Toutefois, les entreprises ont globalement gagné en efficacité, et elles abordent la crise actuelle dans une situation relativement saine.

La crise que nous connaissons est plus que sérieuse, c'est même l'une des plus graves que le capitalisme ait connue. Ce krach va modifier notre vie quotidienne, obliger l'État à mieux se gérer, conduire les entreprises à être plus compétitives que jamais et à se rapprocher au plus près des besoins de leurs clients. Cependant, toutes les crises ont une fin, et la raison commande de se tenir déjà prêt à saisir les opportunités qui ne manqueront pas de se présenter au moment du rebond.